뿌리 뽑힌 사람들

뿌리 뽑힌 사람들

난민, 하나님의 형상

Imago Dei

글·사진 **김두평**

홍해

추천의 글

오늘날 난민 문제는 전 세계가 직면한 가장 심각한 현실 가운데 하나입니다. 그러나 그 복잡한 구조와 본질을 깊이 이해하는 이는 많지 않으며, 난민들의 고통에 진정한 공감을 표하는 일은 더욱 드뭅니다. 특히 그리스도인에게는 난민을 어떻게 바라보고 어떤 마음으로 다가가야 하는지에 대한 신학적 성찰이 절실히 요청되고 있습니다.

이 책은 우간다에서 난민 사역에 헌신하고 있는 김두평 선교사의 오랜 고민과 열정이 빚어낸 귀한 결실입니다. 저자는 에반겔리아 신학대학원(Evangelia University Graduate School of Theology) 교육학 박사 과정에서 난민 문제를 주제로 연구하면서, 수년에 걸쳐 방대한 통계와 학문적 자료를 탐구하였습니다. 동시에 성경신학적 토대 위에 진지한 신앙적 성찰을 더했고, 로고스 하우스 처치 운동을 통해 현장의 목소리를 직접 경험하며 폭넓고도 깊이 있는 연구를 이어갔습니다.

『뿌리 뽑힌 사람들』은 난민의 삶을 단순히 정치·사회적 현상으로만 바라보던 우리의 시선을 넘어, 그것이 곧 우리의 문제임을 자각하게 합니다. 더 나아가 성경의 관점과 하나님의 마음으로 그들을 바라보도록 우리를 초대합니다. 무엇보다 난민으로 살아가는 사람들의 생생한 목소리와 절절한 경험이 이 책 속에 고스란히 담겨 있습니다.

이 책을 읽는 독자들은 난민의 고통 속에 서려 있는 인간의 존엄과, 그 안에서 들려오는 하나님의 부르심을 함께 느끼게 될 것입니다. 저자의 따뜻한 마음과 깊은 사역적 통찰이 배어 있는 이 책을 기쁜 마음으로 추천합니다.

강순혜 미국 캘리포니아주 애너하임 에반겔리아 대학교, 신학대학원 부총장, 교무처장

미성숙한 사회에서는, 잘나고 부유하고 성공하고 출세하면 그것을 자랑으로 여깁니다. 그렇지 못한 사람들을 보면 괜히 어깨에 힘이 들어가고 으스대기를 좋아하지만 성숙한 사회는 그렇지 않습니다. 자기보다 가난하고 병들고 고통에 빠진 이웃을 보면 미안한 마음을 가지게 됩니다. 세상에는 어렵게 살아가는 이웃을 위해 자기의 모든 것을 바치는 이들이 존재합니다. 아프리카 우간다에서 선교사역을 감당하는 김두평 선교사도 그 가운데 한 분입니다.

우리가 살아가는 21세기는 모든 것이 혼란스럽습니다. 국제정세, 기상이변, 경제적 문제, 팬데믹과 같은 전염병, 전쟁과 전쟁 소문, 살상무기의 초첨단화, 거기다가 AI와 같은 역사적 경험이 전무한 분야의 실험적 과정 등이 내일을 불안하게 만들고 있습니다. 지구촌에서 모든 것이 상호 연결되어 있기 때문입니다.

우리 시대에는 생명을 경시하는 풍조가 다양한 형태로 곳곳에 나타

나고 있습니다. 사람들을 이용하면서 인격적 대상으로 보지 않는 것이 일반화되어 있습니다. 심지어 1970년대 후반 캄보디아의 킬링필드, 1994년에는 르완다에서 끔찍한 제노사이드가 발생하기도 했습니다. 첨단 과학이 발전하고 많은 지구인들이 풍요로움을 추구하는 이 시대에도, 지구의 다른 한편에서는 여전히 무서운 일들이 일어나고 있었습니다.

그런 가운데 현재 가장 심각한 일 중 하나는 국제 난민과 관련된 안타까운 상황입니다. 전쟁으로 인해 많은 사람들이 고향을 잃고 고국을 떠나야 하는 현상이 여기저기 발생하고 있습니다. 그들은 집 없는 상태로 내몰려 삶의 터전을 잃은 채 난민이 되어 있습니다. 이런 환경 가운데 김두평 선교사의 난민에 관한 저술 『뿌리 뽑힌 사람들』(도서출판 홍해)이 출판되었습니다. 이 책은 단순한 이론이 아니라 난민 실상을 소개하며 실제적인 방안을 제시하고 있습니다.

유엔난민기구(UNHCR)에 따르면, 2024년 현재 전 세계에 약 4,270만 명의 난민이 존재하고 있으며 매년 그 수가 증가하는 추세라고 합니다. 이는 5천만 명 정도 되는 우리나라 전체 인구를 감안할 때 놀라운 수가 아닐 수 없습니다. 그리고 현재 우간다에는 남수단 난민 100만 명, 콩고 난민 65만 명 정도가 머물고 있다고 합니다. 엄청난 숫자입니다. 그들은 재난으로 인해 낯선 이국 땅에서 고통스러운 삶을 이어가고 있습니다. 교육을 받지도 못한 채 웃음기 잃은 배고픈 어린 아이들이 겪는 고초는 형언하기조차 어렵습니다.

저자는 하나님을 믿는 성도로서 난민들에 대한 관심을 가지도록 호소하고 있습니다. 적어도 기독교인으로서 그들을 외면해서는 안된다고 강조하고 있습니다. 이 책을 접하는 이들이 우리 시대의 고통 당하는 이웃들에 대한 이해가 깊어지기를 바랍니다. 배부른 자들은 자기 배를 더욱 불리려 애쓰고 풍요로운 자들은 더욱 큰 풍요를 추구하지만 우리는 달라져야 한다는 것입니다.

김 선교사의 가족은 오래 전 인도에서 선교활동을 한 적이 있으며, 지금은 아프리카 우간다에서 어려운 이들에게 복음을 전하고 있습니다. 특히 고통을 겪는 난민들에게 많은 관심을 기울이고 있습니다. 그는 미국의 Evangelia University에서 '우간다 난민의 자립'에 대한 연구로 박사학위를 취득했습니다. 이번에 출간된 책을 통해 고통당하는 이들을 기억하는 이들이 많아지기를 원합니다. 그런 중에 하나님의 복음이 더 널리 퍼져 나가게 될 것입니다.

이광호 목사 영남대학교·경북대학교 대학원에서 법학과 서양사학을 공부
고려신학대학원과 ACTS에서 신학을 연구
대구가톨릭대에서 비교종교학으로 박사학위 취득
국제 WIN 선교회 한국 대표와 한국개혁장로회 신학교 교장 역임

저는 김두평 박사의 30년 지기인 황선일 목사입니다. 30년 전 신학공부를 같이 시작한 우리는 신대원(고려신학대학원, 51회)을 졸업할 때까지 5년간 함께 했으며, 졸업 후 한 사람은 목회자, 한 사람은 선

교사로 각각 다른 길을 걸어왔으나, 30년이 지난 지금까지 호형호제하는 관계입니다.

김 박사는 소외된 계층에 특별한 관심을 가진 사람입니다. 신대원 졸업 후 고신 교단 세계선교위원회(KPM) 파송 선교사로 인도 북부지역(인도 북부 마날리)에서 소외된 계층을 대상으로 선교를 시작했습니다. 인도에서 19년간의 사역을 마친 그는 우간다로 파송되어 본격적으로 난민 사역을 시작했으며, 현재 그 사역의 4년째를 맞이하고 있습니다. 최근 그는 난민을 주제로 한 논문("우간다 난민 자립의 재구성; 로고스 하우스 처치 운동을 통한 변형 학습에 대한 신학적, 교육학적 연구")으로 박사학위를 받으면서 난민 전문가로 거듭나고 있습니다.

김 박사를 가까이서 봐 온 사람으로 '이 사람은 정말 성실한 사람이다'라는 생각이 항상 듭니다. 자기가 맡은 일이나 분야에서 최선을 다합니다. 섬김을 받기보다 섬기기를 좋아하는 사람이라서 주변에 '좋은 사람'이 많습니다. 그는 무엇보다 항상 소외된 계층의 입장에 서서 그들을 변호하는 일을 최고의 보람으로 삼습니다.

김 박사가 이번에 출판하는 『뿌리 뽑힌 사람들』은 독자들의 가슴속에 '난민'이라는 두 글자를 새겨 주고자 하는 작은 몸부림입니다. 저자는 한국 사회 독자들이 난민 문제를 인간적·사회적·신앙적 차원에서 입체적으로 이해하고 공감하며, 책임 있는 반응으로 나아가야 한다고 독려합니다. 저자는 그의 책에서 현재 지구촌에 4천만 명 이상이 존재하는 난민을 이렇게 정의하고 있습니다. "난민은 전쟁, 내전, 기후 재난 등으로 삶의 터전과 가족, 그리고 정체성을 잃고 살아남기 위해 떠난 사람이다."

그는 난민의 고통은 단순한 이동 문제나 숫자가 아니라, 심리적 트라우마와 존엄성 상실에서 오는 절망이며, 회복 가능성마저 보이지 않는 '캄캄함'을 예리하게 짚어 줍니다.

저자는 대한민국도 이미 기근, 식민지 강제 이주, 전쟁 고아와 입양, 해외 이민 등 난민과 이주의 아픈 역사 경험을 한 나라로서 이제는 난민을 맞이해야 할 나라임에 주목하고 있습니다. 앞선 유럽(우크라이나), 미국, 중동(시리아), 아프리카(남수단, 콩고) 등 대륙별 난민 사례는 인권, 신앙, 국제 연대의 의미를 일깨워주는 반면교사임을 밝힙니다.

결론적으로, 저자는 이러한 난민 문제를 대한민국 정부와 NGO, 그리고 독자가 공감하고, 세계의 흐름에 발맞추어 함께 해결해나가야 할 과제로 제시하고 있습니다.

황선일 목사 구약 신학 석사
현 사천 용강장로교회 담임목사

들어가는 글

•

이 책은 21세기 난민 문제에 대한 한국 사회 독자들의 입체적 이해와 공감을 고려하며 쓰여졌다. 난민 한 사람의 구체적인 이야기에서 출발하여 그들의 현실을 피부로 느끼고, 그들이 겪는 심리 정서적 고통과 제도적 문제, 그리고 종교와 신학적 관점으로의 접근과 이해에 이르기까지 다양한 층위를 아우르고자 했다.

전 세계적으로 그 유례를 찾아볼 수 없는 '난민 자립 정책'을 실행하고 있는 동아프리카 우간다. 남수단과 콩고민주공화국 난민 문제를 통해서는 힘에 버겁지만 함께 더불어 살아가는 실제가 무엇인지를 간략히 살피며, 마지막 장에서는 난민에 대한 성경적 가르침을 제시했다.

총 5장으로 구성된 이 책은 서사와 설명, 논증과 신앙적 성찰을 결합하여, 독자 스스로가 난민 이슈에 대해 '무엇을 볼 것인가?'에서 '어떻게 반응할 것인가?'까지 여정을 따라가도록 안내한다.

차례

추천의 글   7

들어가는 글   13

1장   뿌리 뽑힌 사람들
21세기 난민 문제를 마주하는 우리의 자세

1. 숫자로 보는 현실, 그러나 그 이면에는 사람   23
2. 눈에 보이지 않는 상처들   24
3. 낯선 이방인이 아닌, '하나님의 형상'   24
4. 회복을 위한 움직임: 공동체와 말씀의 힘   25
5. 우리의 몫은 무엇인가?   25

2장 대한민국도 이주(난민)의 역사가 있었나?

1. 바람 잘 날 없는 삶   28
2. 자연이 등을 돌린 사람들   29
3. 유학, 그러나 돌아올 수 없던 청춘   30
4. 일본의 침략, 강제 이주   31
5. 전쟁, 그리고 입양   32
6. 자발적 선택이지만, 또 다른 고통   33
7. 대한민국을 찾는 난민, 그리고 우리의 대응   33
8. 난민 수용, 그 이상의 가치   35

3장 대륙별로 보는 아픔의 역사

A. 유럽: 국경 너머, 인간을 만나다
우크라이나 난민을 바라보는 시선과 응답

1. 전쟁이 만든 '가장자리'의 땅   42
2. 2014년, 국경이 무너지고 피난이 시작되다   43
3. 숫자 너머, 존재의 무게   44
4. 신앙의 언어로, 우리는 무엇을 보아야 하는가?   45
5. 유럽은 왜 인권을 말하게 되었는가?   45
6. 끝나지 않은 질문, 그들에게 그리고 우리에게   46
7. 다시 시작하는 자리   47

B. 미국: 난민의 문을 여는 나라

1	'이방인을 환대하라'는 말이 제도가 될 때	48
2	난민은 어떻게 제도 안으로 들어왔는가?	48
3	전쟁이 문을 열게 하다	50
4	쿠바·베트남, 냉전과 이념의 난민들	50
5	자연재해와 정치 폭력 속의 피난처, 그러나	52
6	벼랑 끝에서 내미는 손을 기다리는 사람들	52
7	신앙적 성찰: 그대는 누구를 피난처로 여기는가?	53
8	이제, 우리는 어떻게 응답할 것인가?	53

C. 중동: 낯선 얼굴들 속의 거울
시리아 난민을 통해 우리가 마주한 신앙의 물음

1	나는 무엇을 보고 있는가?	55
2	끝나지 않은 전쟁, 계속되는 탈출	55
3	고향으로의 귀환, 가능할까?	56
4	거울 속의 신앙	57
5	'형제'라는 또 하나의 이름	57

4장   아프리카 난민 이야기
남수단, 콩고민주공화국과 우간다에서 배우는 '함께'의 의미

A. 남수단 이야기

1	남수단, 가장 어린 나라의 가장 깊은 상처	61
2	독립 이후, 평화는 오지 않았다	61
3	한 나라, 64개 민족	62
4	뿌리 깊은 갈등과 외부 개입	62
5	난민의 바다 위에서	63
6	자연도 그들을 돕지 않았다	63
7	석유, 국가를 지탱하는 유일한 기둥	64
8	정치가 아니라 인간의 문제	65
9	우리는 무엇을 할 수 있을까?	65

B. 콩고민주공화국 이야기
지도에서 가장 아픈 나라

1	처음엔 익숙하지 않았다	66
2	콩고민주공화국	66
3	그 시작은 식민지였다	67
4	그리고 그 후	67
5	한 아이의 사진을 본다	67

6	M23 반군, 부카부의 함락	68
7	아프리카의 심장, 콩고	68
8	그 나라의 콜탄	69
9	멀고도 가까운	69
10	기억의 이유	69

C. 우간다 이야기
아프리카 최대 난민 수용국, 희망의 땅 그리고 현실의 무게

1	왜 우간다인가?	71
2	식민의 상처가 빚어낸 '포용의 유전자'	72
3	땅 272평, 그리고 땀	72
4	이상(理想)과 현실 사이	73
5	한국인에게 던지는 질문	75
6	함께 자라는 숲	77

| 5장 | **난민, 그들의 얼굴과 우리 마음 사이** |

1	난민, 그들의 얼굴과 우리 마음 사이	80
2	하나님 형상으로 빚어낸 이들, 난민	80
3	고통 너머, 존재의 회복과 새로운 소명	82
4	우리와 '같은' 하나님의 형상 '난민'	83
5	함께 나누는 책임과 희망	84
6	한국은 어떤 태도를 가져야 하는가?	86
7	성경은 낯선 이방인에 대해 뭐라고 말하는가?	87
8	믿음은 멈추지 않는다	88

부록 우간다 선교현장 화보집   90

나가는 글 보는 것에서 반응으로   108

Mubende to Mitayana
차카2 난민정착촌에서 우간다의 수도 캄팔라로 이어지는 고속도로의 모습이다.
포장 도로를 만들기 위해 흙과 자갈로 기초를 다진 위로 차량들이 빠르게 달리고 있다.

제1장 /

뿌리 뽑힌 사람들

21세기 난민 문제를 마주하는
우리의 자세

나는 난민이다.
이 이름은 내가 선택한 적이 없다.

푸른 하늘 아래서 내 이름을 불러 주던 사람들, 자유롭던 삶의 터전,
가족의 웃음소리 —
그 모든 것이 하루아침에 뒤안길로 사라졌다.

살아남기 위해 떠난 길 위에서 우리는 모든 것을 잃었다.
숲에 몸을 숨기고 사흘을 굶었던 형제, 눈앞에서 반란군의 총에 가족을 잃은 자매, 피난 길에서 반란군에게 당한 성폭행의 상처를 껴안은 채 피난 온 땅에서 아이를 낳아 졸지에 엄마가 되어 버린 어린 소녀….

"나는 아무것도 없이 여기에 있다"
이 한마디가 우리의 오늘을 말해 준다.

- 콩고 민주 공화국, 어느 난민 형제의 증언

21세기, 지구촌의 여러 곳에서 많은 사람들이 여전히 '살기 위해' 떠난다. 전쟁, 내전, 정치적 탄압, 환경 파괴로 인한 기후 재난, 혹은 단순히 '그 자리에 머물 수 없음'이 이유가 되어 수 천만 명이 삶의 뿌리를 뽑힌 채 길 위에 선다. 이제 '난민'이라는 단어는 우리 모두에게 더 이상 먼 나라 이야기만은 아니다.

1. 숫자로 보는 현실, 그러나 그 이면에는 사람

유엔 난민기구(UNHCR)에 따르면, 2024년 현재 전 세계에는 약 4,270만 명의 난민이 존재한다. 난민 문제는 일시적인 위기 상황이 아니라, 이미 장기적이고 구조적인 국제 문제로 자리 잡았다. 급속한 도시화, 지역 불안정, 기후 변화는 모두 이 현상의 배경이다. 하지만 이 숫자는 '사람'을 말하지 않는다. 난민은 선택해서 된 존재가 아니다. 누구도 난민으로 태어나지 않았고, 스스로 원해서 난민이 되지도 않았다.

There were 42.7 million refugees globally at the end of 2024.

2024년말 전 세계적으로 4천 2백 7만명의 난민이 있다.

2022년, 아프리카 한 나라의 정착촌에서 82명이 자살을 했다는 소식은 우리에게 큰 충격을 던져주었다. 그 배경에는 가족 간의 갈등, 경제적 압박, 외상 후 스트레스 등이 복합적으로 작용했다.

2. 눈에 보이지 않는 상처들

난민들은 단순히 국경을 넘는 것이 아니다. 그들은 삶의 터전을 잃고, 가족을 잃고, 정체성을 잃는다. 고향에서 쫓겨나고, 새로운 땅에서는 배척당한다. 피난 과정과 수용국에서 겪는 심리적 고통과 트라우마는 그들의 일상에 깊이 스며든다. 단순히 생존만의 문제가 아닌, 존엄성과 회복의 문제다. 따라서 난민을 논할 때 우리는 단순히 이주 통계나 정책 논의에서 벗어나, 그들이 겪는 인간적인 아픔과 회복의 과정까지 바라봐야 한다.

3. 낯선 이방인이 아닌, '하나님의 형상'

기독교 신학자 크리스틴 D. 폴(Christine D. Pohl)은 난민 현상을 단순한 인도주의적 의무로 보지 않는다. 오히려 그것을 기독교 선교에 있어 도전이자 기회로 본다. 그는 '낯선 이를 환대하라'는 성경의 명령이 단지 과거 유대인의 윤리가 아니라, 오늘날을 살아가는 신앙인의 실천이라 말한다.

난민 역시 하나님의 형상으로 창조된 인간이다. 그들을 단순한 '피해자'로만 보거나 '문제'로만 여기는 시선에서 벗어나야 한다.

4. 회복을 위한 움직임 : 공동체와 말씀의 힘

국경을 넘는 것이 그들의 여정의 끝이 아니다. 로고스 하우스 처치 무브먼트(Logos House Church Movement; LHCM. 말씀 먹기 운동)과 같은 신앙 공동체 운동은 난민들이 자신을 되찾는 데 중요한 역할을 한다. 신앙은 그들에게 정체성의 회복, 내면의 안정, 희망의 언어를 제공할 수 있다.

하지만 진정한 변화는 난민만의 몫이 아니다. 일반 시민의 인식 변화가 함께 일어날 때, 우리는 난민과 '함께 살아가는 길'을 모색할 수 있다.

5. 우리의 몫은 무엇인가?

난민 문제는 정부나 NGO의 과제만이 아니다. 그들의 이야기를 듣고, 고통을 이해하고, 편견을 벗는 일은 우리 각자의 책임이다. 그들은 단지 도움을 필요로 하는 존재가 아니라, 함께 살아가야 하는 이웃이다. 그들과 마주하는 순간, 우리는 우리 자신의 인간성과도 마주하게 된다.

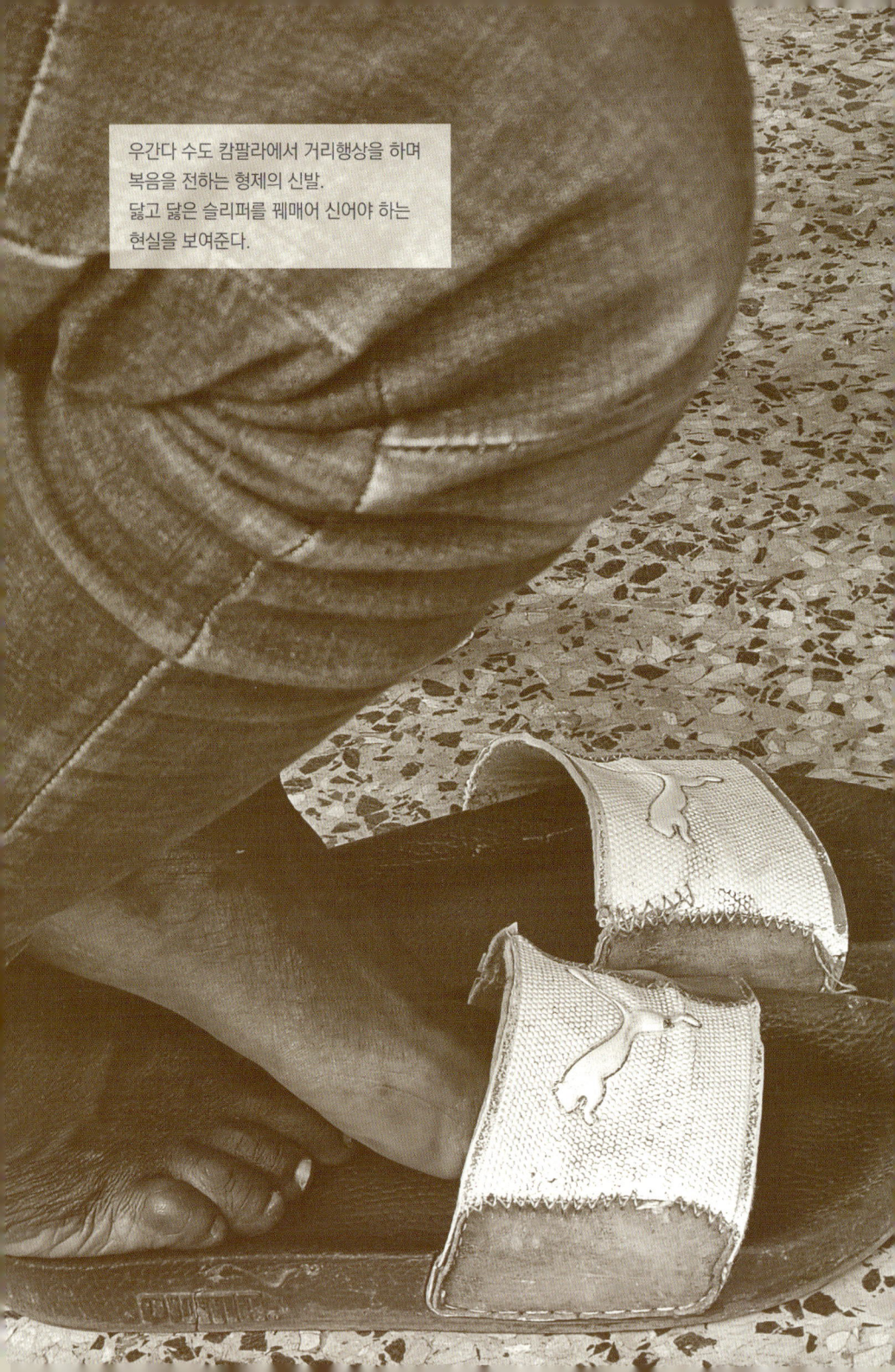

우간다 수도 캄팔라에서 거리행상을 하며 복음을 전하는 형제의 신발.
닳고 닳은 슬리퍼를 꿰매어 신어야 하는 현실을 보여준다.

제2장 /

대한민국도 이주(난민) 역사가 있었나?

1. 바람 잘 날 없는 삶
— 난민, 그들의 여정

세계 10위 경제대국에 진입한 대한민국도 이주와 난민의 아픈 역사를 품고 있다는 사실을 기억하는 국민이 얼마나 있을까?

국가기록원의 자료를 펼쳤을 때, 나는 깊은 감정의 소용돌이에 휘말려 들어갔다. 그곳에는 단순한 숫자와 날짜들을 넘어서 수많은 이들의 인생이 담긴 사건들이 고스란히 기록되어 있었다. 그것은 사람들의 삶이었다. 사람들의 고통과 희망, 그리고 그 끝나지 않은 여정. 나는 그 고통을 따라가며 나도 모르게 눈시울이 붉어졌다.

이들이 겪은 고통은, 우리가 잊고 있던 역사의 파편을 건드리는 것 같았다. 그들의 삶은 단순히 '난민'이라는 한 단어로 설명될 수 없다. 그것은 단지 '떠남'에 대한 이야기가 아니다. 그들의 이야기는 '떠남' 뒤에 이어지는 '고통'의 이야기, 그리고 '귀환할 수 없는 땅'에서의 삶에 대한 기록이었다.

이 글을 쓰는 내내, 그들의 아픔이 나의 아픔처럼 다가왔다. 그들의 여정이 지금도 계속 이어지고 있음을 나는 너무나 잘 알았다. 오늘날 우리가 기억해야 할 것은, 그들의 고통이 과거의 일이 아니라는 사실이다. 그것은 여전히 '현재'로 살아 숨 쉬고 있다.

2. 자연이 등을 돌린 사람들
— 19세기 말, 고향을 떠난 이들의 절망

1860년대, 한반도. 이북 지역을 강타한 대기근은 그 지역 사람들의 삶을 송두리째 앗아갔다. 연속적인 흉년과 재해가 겹쳐, 사람들은 일거리를 찾기 위해 살던 땅을 떠날 수밖에 없었다. 고향을 떠날 때의 그 심정을 우리가 쉽게 상상할 수 있을까? 그들은 이 땅에서 새로운 삶을 찾아야 했다. 하지만 그것이 과연 '새로운 삶'이었을까?

당시 사람들이 짐 보따리를 이고 지고 찾아간 곳은 간도 지역이었다. 그곳은 비옥한 땅으로 알려졌지만, 그들에게는 '살기 위한 땅'일 뿐이었다. 고향을 떠나는 순간, 그들은 이미 두 가지를 잃었다. 첫째, 고향에서의 생활, 그리고 둘째, 그곳에서의 정체성이다.

그들은 고향에서의 일상과, 익숙했던 사람들과의 이별을 받아들여야 했다. 뿐만 아니라 새로운 삶을 시작하는 과정에서 경험하는 끊임없는 불안과 고통은 단순히 물리적인 어려움에 그치지만은 않았다. 무엇보다 중요한 것은 그들이 찾아간 땅은 그들이 언제나 돌아갈 수 있는 고향이 될 수 없었다는 점이다.

이 끝나지 않는 '떠남'의 고통 속에서 그들은 새로운 '길'을 찾기 위해 발버둥쳤다. 하지만 그 끝은 언제나 불투명했고, 그들의 고향은 점차 그들에게 '잊혀진 곳'이 되어갔다.

3. 유학, 그러나 돌아올 수 없던 청춘
— 일본으로의 길, 고향을 잃다

1881년, 한국의 첫 유학생들이 일본에 발을 디뎠다. 그들의 목표는 단순했다. 더 나은 세상을 만들기 위한 지식과 경험을 쌓는 것이었다. 하지만 그 여정은 곧 학문적 목표를 넘어, 제국주의의 압박을 온몸으로 받는 시간이 되었다.

조선의 젊은 유학생들은 일본에서 두 갈래의 길 앞에 서 있었다. 하나는 조선총독부의 지배를 받아들이고 지배계급에 편입되는 길, 또 하나는 일본 제국주의의 실체를 파악하고, 그로부터 벗어나려는 길이었다.

'근대의 배움터'이자 '식민의 실상'을 마주하는 두 얼굴의 땅에서, 학문을 향한 열망은 점차 제국의 압박을 온몸으로 경험하는 고통으로 바뀌었다. 그 속에서 그들은 자신이 누구인지, 어디에 서야 하는지 묻지 않을 수 없었다.

그곳에서 그들은 정체성을 찾을 수 있었을까? 아니면 조선의 독립을 꿈꾸며, 그 꿈 하나에 목숨을 걸어야 했을까?
일본으로 유학을 떠났던 수많은 이들이, 이제는 그곳에서 '자발적인 이주자'가 되었다. 그들은 고향으로 돌아갈 수 없었고, 일본에서도 완전히 받아들여지지 않았다. 그들의 삶은 단순한 유학의 길로 시작했지만 이제는 '떠남의 아픔'과 '고향의 부재' 속에서 정체성을 찾아가는 길이 되었다.

4. 일본의 침략, 강제 이주
― 고향을 빼앗긴 자들의 여정

1910년, 일본 제국은 한일강제합병을 통해 조선을 식민지로 삼았다. 그때부터 조선인들은 일본의 착취 속에서 삶의 터전을 잃고, 또 다른 고향을 찾아 떠나야 했다.

1920년대에 이르러, 많은 농민들이 만주로 향했다. 그들 중 상당수는 일본 제국의 침략 정책에 따라 강제로 옮겨졌다. 즉 이들은 '이주민'이라기보다 '강제 이주자'에 가까웠다. 그들은 일본 제국의 식민지 정책 아래에서 값싼 노동을 제공하면서도, 낯선 땅에서 살아남기 위한 길을 스스로 찾아야 했다.

새로운 땅 만주에서 살아남기 위해 새로운 집을 지었지만, 그곳에서의 삶은 언제나 불안과 긴장의 연속이었다. 일본 제국의 통제 아래에서 살아남기 위해 그들은 끊임없이 싸워야 했다.
1945년, 일본이 패망한 뒤, 중국에서는 국민당과 공산당의 내전이 벌어졌다. 그 혼란 속에 한인(韓人)들은 공산당을 지원했고, 그들의 공로로 연변조선족자치주가 세워졌다. 그곳에서 비로소 새로운 삶이 시작되었지만, 그들이 떠나온 고향은 여전히 돌아갈 수 없는 땅으로 남아 있었다.

5. 전쟁, 그리고 입양
― 고아가 된 아이들

한국전쟁이 끝난 뒤, 수많은 전쟁 고아들이 생겨났다. 전쟁은 그들에게서 고향을 빼앗았고, 그들은 고아가 되어 해외로 입양되었다. 그러나 입양은 단순히 '새로운 가정으로의 이동'이 아니었다. 그들은 '새로운 나라의 이주자'가 되었고, 그렇게 과거는 한없이 먼 기억 속으로 사라졌다.

이 아이들은 새로운 나라에서 새로운 이름을 얻고 새로운 삶을 시작했지만, 고향을 잊은 것은 아니었다. 고향은 언제나 그들의 마음 한켠에 웅크리고 있었다. 그래서 그들은 늘 마음속 그리움으로 남은 고향을 떠올리며, '한국인'으로서의 정체성을 잃지 않기 위해 싸웠다. 새로운 삶을 시작했지만, 그들은 과거의 상처와 싸우며 항상 '두 세계 사이'에서 살아내야 했다.

6. 자발적 선택이지만, 또 다른 고통
— 이민, 그 선택의 아픔

1970년대 후반, 한국은 경제 성장의 절정을 향해 가고 있었다. 그러나 그 경제 성장 속에서도 여전히 많은 이들이 새로운 삶의 터전을 찾아 떠났다. 1980년대와 1990년대, 수많은 한국인들이 해외로 이주했다. 그들은 미국, 유럽, 아프리카, 오세아니아 등지로 새로운 삶을 꿈꾸며 떠났다.

그들의 이주는 자발적인 선택이었다. 새로운 기회를 찾아, 새로운 나라에서 '외지인'으로 살아가지만 그 마음 속에는 여전히 '고향'이 있었다. 과거의 기억 속으로 묻혀 가는 그 고향을 다시 찾고 싶었으나 그들은 끝내 이루지 못했다. 자발적 선택 뒤에 감춰진 고통은 결코 작지 않았다. 그들이 떠난 고향은 그렇게 돌아갈 수 없는, 기억의 땅으로 남았다.

7. 대한민국을 찾는 난민, 그리고 우리의 대응

2018년, 484명의 예멘인들이 비자 없이 입국 가능한 제주도로 들어왔을 때, 난민에 대한 대한민국 국민들의 관점이 여실히 드러났다. 한국 사회는 그들을 향해 우려과 반감을 나타냈다.

그때 단 2명 만이 난민으로 인정되었다. 그들은 언론인 출신으로 후티 반군 등에 비판적인 기사를 작성, 게시하여 납치와 살해 협박을 받은 것으로 알려졌다. 이에 '제주출입국 외국인청 관리과'에서는 그들이 향후에도 그러한 가능성이 높을 것으로 판단되어 난민 자격을 부여했다고 한다. 또한 정부는 미국 국토안보부의 예멘 대응과 당시 예멘의 상황에서 생명 또는 신체의 자유를 현저히 침해받을 것으로 판단되는 50명을 추방하지 않고 인도적 체류를 허가했다(난민법 제2조 제3호).

일부 사람들은 문화적 차이에 대한 우려도 제기했다. 한국이 가진 문화적 특성 때문에, 외국인과 난민들이 한국 사회에 적응하기 어렵다는 것이다. 사회 적응이 어렵다는 말은 잠재적 위험이 될 가능성이 높다는 말이다. 그러나 이러한 우려들은 사실 우리가 이미 다양한 외국인 노동자들과 이민자들, 유학생들을 받아들이고 있는 현실에서는 단지 특정 집단에 대한 혐오감의 표출이라는 관점도 존재한다.

그러나 21세기 이주와 난민 문제는 특정 국가나 대륙만의 문제가 아니다. 온 지구상에 흩어진 거의 모든 나라는 그 영향권 아래에 있다. 이제는 이주와 난민의 문제를 외면하고는 국가의 존립이 어려운 때를 맞이하고 있다. 대외경제정책연구원(KIEP) 등에서는 이주와 난민 문제를 연구할 때도 국민 정서, 환경과 여건을 감안하여야 한다. 또한 거시적이고도 미시적인 실효성 있는 정책으로 대한민국에 최적화된 이주 난민 정책 입안이 필요하다.

또한 전 국민을 대상으로 한 교육과 홍보가 필요한데 이는 이주·난민들이 사회 전반에서 함께 살아가야 할 사람들이기 때문이다. 교육과 홍보를 극대화시키기 위해서는 중앙정부 차원뿐만 아니라 지방정부와 각종 사회단체들의 총체적인 협력이 필요하다.

한국의 구성원들은 출생부터 그 현장에서 하나의 언어와 동일한 문화권에서 성장하며 자연스럽게 공유가 가능한 사회성이 형성된 사람들이다. 그러나 대한민국이라는 국가에 이제 갓 들어온 이주자와 난민들은 이 모든 것이 생소하다. 한국말을 미리 배워서 어느 정도 알고 있더라도 다른 피부색과 어색한 행동과 반응을 비롯해 이질적으로 느껴지는 수많은 것들이 있다. 그러므로 이주 난민과 국민 모두는 서로에 대해 배우며 이해도를 높여야만 함께 더불어 살아갈 수 있는 것이다.

8. 난민 수용, 그 이상의 가치

난민을 수용하는 것은 단지 그들에게 새로운 삶의 기회를 제공하는 것 이상의 의미를 가진다. 이는 국제 사회와의 연대와 협력, 그리고 우리 사회의 성숙한 시민 의식을 나타내는 중요한 지표가 된다. 난민을 수용한다는 것은, 한 인간으로서의 존엄을 인정하고, 타인의 고통을 공감하는 사회적 가치의 실현이다. 이는 우리 사회가 더 이상 외부 세계와 단절된, 좁은 의미의 '우리'를 지향하는 것이 아니라, 세계

시민으로서의 책임을 다하는 방향으로 나아가고 있다는 것을 뜻한다.

우리가 난민을 수용하는 과정에서 겪게 될 경제적, 사회적 문제들은 단기적으로 해결할 수 없을지도 모른다. 그러나 이런 문제를 해결하려는 노력 자체가 더 넓은 사회적 가치를 창출하는 데 기여할 수 있다. 난민 문제는 단지 기계적으로 해결할 수 있는 문제가 아니다. 그들이 겪고 있는 고통과 아픔을 이해하고, 그들의 문제를 우리의 문제로 받아들이며, 함께 해결책을 모색하는 것이 필요하다.

나키발레 난민정착촌 내에서 우간다인들이 키우는 소들이 길을 건너고 있다.

전 세계적으로 난민 문제에 가장 적극적으로 정책을 입안하고 집행하는 나라는 아프리카 대륙의 우간다이다. 이는 자국과 난민 모두를 유익하게 한다는 관점에서 기인한다. 우간다의 난민 대응에서 우리는 많은 교훈을 얻을 수 있는데 가장 중요한 핵심은 '난민을 거부하지 않고, 적극적으로 수용하려는 의지'이다.

또한 지방의 국유지를 활용하여 난민들을 적극 유치하여 기본적인 거주 공간을 제공하고 있으며, 서구 국가들이나 유럽의 국가들처럼 난민의 이동을 제한하지 않고 이동의 자유를 허락하며, 자국민에게 제공되는 공공시설의 접근성을 부여한다. 이렇게 우간다는 전 세계적으로 그 사례를 찾기 힘들 정도로 혁신적인 난민 정책을 펼치고 있다.

한국은 과거의 역사적 경험과 아픔을 통해, 어려운 상황에 처한 사람들을 이해할 수 있는 기회를 가질 수 있다. 하지만 그 이해와 공감은 단지 감정적인 차원에서 끝나는 것이 아니라, 실제로 난민을 수용하고, 그들의 삶을 돕기 위한 구체적인 노력으로 이어져야 한다.
난민을 수용하기 전에 국가적인 차원에서 이미 난민 발생과 수용의 기나긴 역사를 가진 국가들을 통해서 학습하고, 정책을 준비하여 한국형 난민 정책을 입안하여 대한민국의 국제적인 지위에 걸맞은 수준의 난민 대응이 이뤄지도록 해야 한다.

한국형 난민 정책이 입안된 이후에 난민 수용이 이뤄진다면 어떤 정부가 들어서든 시류(時流)에 요동치 않게 될 것이다. 우리가 난민을 받아들이는 것은 단순한 '선행'이 아니라, 인류와 인류 간의 연대와 책임을 다하는 길임을 명심해야 한다.

우리는 더 이상 '타인'이 아니라, 우리 사회의 일원으로서 난민을 바라보고, 그들의 아픔과 고통을 함께 나누는 자세를 가져야 한다. 그리고 그들이 겪는 어려움을 해결하기 위해 우리의 지혜와 자원을 모아야 한다. 난민 문제는 단순히 국제적인 문제가 아니라, 우리의 문제이며, 우리가 나아가야 할 방향을 제시해 주는 중요한 윤리적 기준이 될 것이다.

차카2 난민정착촌에서 어른들 성경 세미나 중 어린이들과 남수단 난민 형제 교사

제3장 /

대륙별로 보는
아픔의 역사

A. 유럽
국경 너머, 인간을 만나다: 우크라이나 난민

우리는 다시, 세계사로 돌아왔다. 국가의 붕괴, 새로운 경계의 형성, 민족과 종교를 둘러싼 박해와 폭력. 이 모든 것이 난민의 길을 만든다. 어쩌면 먼 대륙의 이야기로만 들릴 수 있는 이 흐름은, 21세기 유럽 한 가운데에서 '우크라이나'라는 이름으로 우리에게 묻는다.
"지금 당신은 무엇을 보고 있는가?"

1. 전쟁이 만든 '가장자리'의 땅

우크라이나. 이름 자체가 '국경지대'란 뜻을 가진 이 나라는, 역사적으로 끊임없이 나누어지고 복속되어 왔다. 러시아와 폴란드, 오스트리아와 루마니아, 그리고 구 소련에 이르기까지. 우크라이나는 한 번도 긴 평화를 온전히 누리지 못했다.

이곳의 기원은 9세기 루시 공국에서부터 시작되었고, 기독교로의 개종은 988년 비잔틴 제국의 영향을 받았다. 이는 동슬라브 민족이 정교회를 받아들이는 결정적 계기가 되었고, 러시아·벨라루스와 함께 '정교회 문화권'으로 묶이는 뿌리가 되었다. 그러나 동시에, 폴란드와 같은 가톨릭 문화권과는 점점 멀어지게 만들었다. 이 '분리의 역사'는 오늘날 동과 서로 갈라진 우크라이나 내부의 갈등의 밑그림이 되었다.

2. 2014년, 국경이 무너지고 피난이 시작되다

역사는 2014년을 우크라이나에 있어 운명의 해로 기록할 것이다. 당시 친러 성향의 대통령이 EU와 IMF보다 러시아로부터 차관을 들이겠다고 하자, 시민들은 '종속의 공포' 속에 광장으로 나섰다. 수십만 명이 모였고, 결국 피의 진압과 정권 붕괴, 러시아의 크림 반도 점령이라는 사태로 이어졌다. 이 정치적 격변은 단지 정부의 교체가 아니었다. 국경을 둘러싼 무력 충돌, 분리주의 반군의 출현, 그리고 내전이라는 깊은 상처의 서막이었다.

내전은 사람들을 고향에서 쫓아냈다. 도네츠크와 루간스크에서는 무려 110만 명 이상이 집을 떠났고, 국내외로 피난한 사람들은 수백만 명에 달했다. '우크라이나 난민'이라는 단어는 더 이상 뉴스 속 익명성이 아니었다. 이름과 얼굴, 상처를 가진 수많은 인간의 이야기가 되었다.

3. 숫자 너머, 존재의 무게

2015년 기준, 국내 실향민만 해도 150만 명을 넘었다. 루간스크·도네츠크 지역에 집중된 이들은 주로 연금생활자, 어린이, 여성들이었다. 국외 난민 중 85만 명 이상이 러시아로, 나머지는 벨라루스, EU로 흩어졌다. 이 가운데 누군가는 "보호받는다"라고 했지만, 실제 우크라이나 국내에서는 경제난으로 이들을 돌볼 여력조차 없었다.

난민은 단지 삶의 장소를 잃은 존재가 아니다. 그들은 다시 정체성을 되찾아야 했고, 전쟁의 트라우마를 극복해야 했으며, 새로운 사회 속에서 살아가야 했다. 분노, 불안, 상실, 고립. 그 감정들은 그들을 단

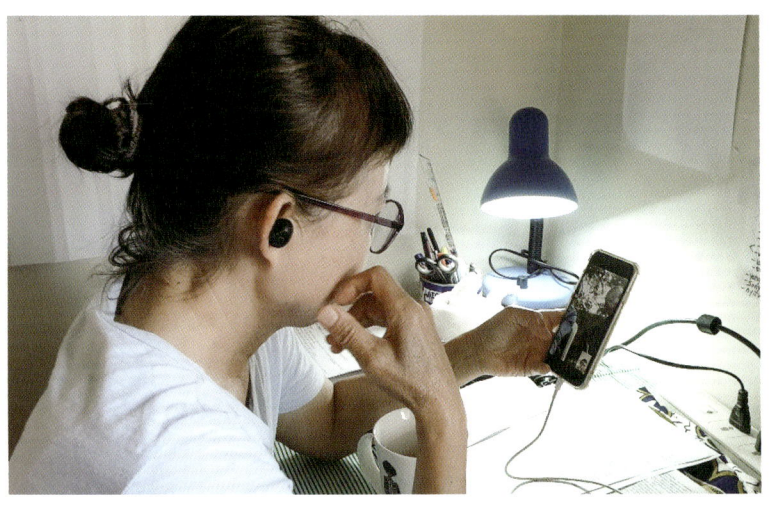

르왐완자 난민정착촌 청년들을 대상으로 '성품' 강의 요청을 받은 후, 콩고민주공화국 출신 난민 청년들에게 온라인 강의를 진행 중인 백에스더 선교사.

순히 '불쌍한 피해자'로만 남게 하지는 않는다. 오히려, 우리는 그들 안에서 '인간다움'을 되찾는 여정을 본다.

4. 신앙의 언어로, 우리는 무엇을 보아야 하는가?

신앙인은 '불쌍한 사람'을 연민으로만 바라보지 않는다. 고통 가운데 있는 사람을 동일한 하나님의 형상으로 바라보는 것. 바로 이것이 복음의 시선이다. 하나님은 이스라엘이 이집트를 탈출할 때, 난민으로 광야를 떠도는 그들과 함께 계셨고, 예수 그리스도 역시 이 땅에 오셨을 때, 헤롯을 피해 이집트로 피난한 난민의 모습이었다.

우리는 묻는다. "우크라이나 난민을 대하는 나의 태도는 무엇인가?" 국경과 피부색, 문화의 차이로 거리를 두기보다, 고통 앞에서 잠시 멈추고 '함께 우는' 공감의 자리에 서야 한다. 그들의 상처를 통해, 우리도 스스로의 무감각과 냉소를 성찰하게 된다.

5. 유럽은 왜 인권을 말하게 되었는가?

유럽이 오늘날 인권의 가치를 소중히 여기는 배경에는, 자신들이 경험한 고통이 있었다. 20세기 초반의 세계대전, 유대인 학살, 발칸의 피난민, 체르케스와 아르메니아인의 강제이주 등, 그들은 스스로 '난민'이 된 시대를 살아냈다. 그렇기에 2015년 이후 시리아 난민 사태나 우크라이나 전쟁에 직면했을 때, 유럽은 '본능적인 두려움'과 동시에 '역사적 책임감' 사이에서 갈등했다.

우리 한국 사회도 이제 그런 물음 앞에 놓여있다. 우리는 더 이상 전쟁 이후의 폐허 속에 살아가는 나라가 아니다. 오히려 이제는 난민을 바라보는 국제사회의 구성원이자, 인도적 역할을 기대 받는 나라가 되었다. 우리가 지금, '우크라이나 난민에게 어떤 시선을 갖는가?'는 곧 우리의 신앙, 시민의식, 그리고 인류에 대한 믿음을 드러낸다.

6. 끝나지 않은 질문, 그들에게 그리고 우리에게

우크라이나 난민은 아직도 '임시'의 상태에 머물고 있다. 귀환은 가능할 것인가? 고향은 남아 있을 것인가? 그들에게 필요한 것은 단지 음식이나 주거만이 아니다. 공감, 연대, 그리고 회복의 언어로 그들에게 다가가야 한다.

우리는 묻는다.

- 그들을 보며, 나는 무엇을 느끼고 있는가?
- 기도하고 있는가? 말하고 있는가? 침묵하고 있는가?
- 나는 지금, 이들의 고통에 어떻게 응답하고 있는가?

이 질문은 결국 우리 자신을 향한다. 인간은 타인의 고통을 통해 자신의 윤리를 증명하고, 신앙인은 타인의 상처를 통해 하나님의 뜻을 실천한다.

7. 다시 시작하는 자리

지금 이 순간에도 누군가는 국경을 넘고 있다. 추운 기차역, 낯선 도시의 임시 숙소, 어쩌면 우리가 가진 평범한 일상의 끝자락에서, 한 사람이 다시 일어서고 있을지 모른다. 우리는 그 옆에 설 수 있는가? 진심으로 묻는다.
"그대는 이제, 무엇을 보고, 어떻게 반응할 것인가?"

B. 미국
난민의 문을 여닫는 나라

1. '이방인을 환대하라'는 말이 제도가 될 때

미국이라는 나라는 이민자의 땅, 피난처의 이름으로 태어났다. 종교적 자유를 찾아 대서양을 건넌 이들, 전쟁과 박해로부터 도망친 이들, 자유를 꿈꾸며 그 땅을 밟은 이들이 모여 세운 나라. 그렇기에 '난민'이라는 단어는 이들에게 먼 이야기이기보다 자신들의 기원과 연결된 정체성이기도 했다.

그러나 역사는 결코 단순하지 않다. 미국은 수용과 거절, 환대와 제한 사이에서 끊임없이 줄다리기를 해왔으며, 지금도 계속하고 있다. 이 과정은 단지 미국만의 이야기가 아니라, 우리 모두가 세계 시민으로서 어떤 원칙을 세울 것인가를 묻는 시험이기도 하다.

2. 난민은 어떻게 제도 안으로 들어왔는가?

미국의 난민 정책은 1891년 이민국(Immigration Bureau) 설립에서 시작된다. 처음에는 거의 무제한에 가까운 이민 허용이었다. 그러나 제1차 세계대전과 그 직후 1920년대, 미국은 쿼터법을 통해 이민자 수를 제한하기 시작했고, 이는 유대인과 기타 박해 받는 민족들이 미국으로 피신하는 데 큰 장벽이 되었다. 하지만 주목할 점은 있다. 1917년 이민법은 16세 이상 이민자에게 글을 읽을 수 있음을 요구했지만, 종교적 박해를 피해 오는 이들에게는 이 요건을 면제했다. 이는 단지 행정적 배려가 아니라, 미국의 정체성이 신앙과 자유에 뿌리를 두고 있다는 것을 보여주는 상징적인 조항이었다. 신앙이 법이 될 수 있을까? 이 조항은 그 가능성을 증언한다.

나키발레 난민정착촌의 한 가정에서 3대가 함께 모여 말씀을 먹는 모습이다.
모자를 쓴 남성과 그의 아내, 그리고 목사 아내인 첫째 딸과 그녀의 아들이 함께 하고 있다.

3. 전쟁이 문을 열게 하다

1945년, 제2차 세계대전의 종식과 함께 미국은 중요한 결정을 한다. 트루먼 대통령은 유럽 실향민과 난민을 위해 기존의 법 틀 안에서 이들을 받아들이도록 행정 명령을 내린다. 1948년, 미국은 '실향민법'을 제정해 약 35만 명의 난민을 수용하게 된다. 이것이 미국의 첫 공식적인 '난민법'이다.

그리고 이 결정은 정책의 변화뿐 아니라 전쟁의 상처를 치유하는 도덕적 용기였다. UN의 창설, UNHCR의 출범, 난민협약의 체결. 미국은 난민을 받아들임으로써 새로운 국제 질서의 일원이 되는 길을 택했다.

하지만 한 가지 역설적인 사실도 있다. 당시 유럽을 방문한 이민 담당 국장이 보고한 바에 따르면, 유럽은 미국보다 난민 정책에 앞서 있었고, 미국은 뒤늦게 따라가는 입장이었다는 것을 알 수 있다. 정의는 늘 선도하는가, 아니면 뒤따라오는가? 그 물음은 여전히 유효하다.

4. 쿠바·베트남, 냉전과 이념의 난민들

1959년, 쿠바 혁명 이후 수십만 명이 미국으로 피난했다. 1965년,

린든 존슨 대통령은 피델 카스트로 체제를 탈출한 모든 쿠바인들에게 문을 열었고, 이들을 위한 '공수 프로그램'을 도입했다. 이후 쿠바 조정법을 통해 2년 뒤 영주권을 부여하며 이들을 공식적인 이웃으로 받아들인다.

반면, 1980년 '마리엘 보트 리프트' 때는 다른 양상이 펼쳐진다. 카스트로가 '마리엘항을 열겠다'고 선언하자 6개월 만에 12만 명 이상이 미국으로 입국했다. 하지만 당시 카터 대통령은 이들을 '난민'으로 인정하지 않았다. 환대는 언제 기준이 되고, 언제 유보되는가? 이 질문은 단순히 국경의 문제만이 아니라, 정치와 정의 사이의 경계에 대한 물음이기도 하다.

1975년 이후, 베트남 전쟁의 결과로 미국은 동남아 난민을 대규모로 받아들이며 '인도차이나 난민법'을 제정한다. 라오스·캄보디아·베트남의 난민들이 미국에 정착했고, 이는 냉전의 대가를 인간적으로 감당하려는 선택이었다. 그리고 1990년, 라우텐베르크 수정안은 종교 소수자(특히 유대인·기독교인)를 위한 증거 부담 완화 조치를 도입한다.

"당신은 증명하지 않아도 된다"는 말, 이보다 더 신앙적인 제도가 또 있을까?

5. 자연재해와 정치 폭력 속의 피난처, 그러나

1958년, 아조레스 난민법은 화산 폭발로 삶의 터전을 잃은 사람들을 위한 첫 자연재해 대응법이었다. 또한 미국은 엘살바도르, 과테말라, 온두라스에서의 조직 폭력(maras)으로부터 도망친 사람들을 수용해 왔다. 이는 난민정책 및 TPS(Temporary Protected Status) 제도 형성의 전례가 되었다.

그러나 2025년 1월, 트럼프 행정부는 2023년 TPS 지정의 연장을 철회하는 조치를 발표했으며, 이로 인해 수십만의 베네수엘라인이 법적 보호를 잃을 위기에 처해 있다.

6. 벼랑 끝에서 내미는 손을 기다리는 사람들

1990년대, 미국은 전국에 망명 사무소를 설치하고 10만 명이 넘는 사람들이 망명을 신청했다. 9·11 이후, INS는 USCIS, CBP, ICE로 분리되며 안보와 난민 정책 사이의 균형을 모색하기 시작했다. 더 조심하게 되었고, 더 복잡해졌지만, 미국은 여전히 세계에서 가장 많은 난민을 재정착시키는 나라 중 하나였다. 그들은 난민을 '자격 있는 수혜자'로 보지 않고, 삶의 벼랑 끝에서 손을 내밀어야 할 대상으로 보았다.

7. 신앙적 성찰,
   그대는 누구를 피난처로 여기는가?

미국의 난민 정책사는 단지 법과 행정의 이야기가 아니다. 그것은 신앙과 양심이 제도로 번역된 시간의 기록이다. "너희는 너희도 애굽 땅에서 나그네 되었음을 기억하라." (출 22:21) 이 말씀이 미국에서 제도와 정책으로 살아 움직일 때, 신앙은 법이 되고, 정의는 현실이 된다.

우리는 묻는다.
- 누가 이방인인가?
- 그를 받아들이는 우리의 자세는 어떤가?

그리고 대답해야 한다.
- 그들을 받아들임으로써, 하나님의 구원이 우리의 삶에서 경험되고 완성된다는 것을!

8. 이제, 우리는 어떻게 응답할 것인가?

미국의 역사를 따라가며 우리는 본다. 이방인을 향한 문을 열었다 닫았다 하며, 던지는 그들의 끊임없는 질문,
"우리는 누구를 받아들일 것인가?"

그리고 이제 우리는 같은 질문 앞에 있다.
- 한국은 지금 난민에게 어떤 시선을 보내고 있는가?
- 한국교회는 그들을 어떻게 기억하고 있는가?
- 한국은 그들 앞에서 어떤 '환대의 얼굴'을 하고 있는가?

이제, 우리의 법과 제도도 묻는다.
- 이방인을 어떻게 맞이할 것인가?

그 질문에 대한 우리의 답은,
결국 우리 자신이 어떤 공동체가 되고 싶은가에 대한 선언일 것이다.

> "너희가 누구든지, 나의 이름으로 이 작은 자 하나를 영접하면
> 곧 나를 영접함이라." (막 9:37)

그날, 우리는 국경이 아니라 가슴의 문을 열어야 할 것이다.

C. 중동난민

낯선 얼굴들 속의 거울: 시리아 난민을 통해 우리가 마주한 신앙의 물음

1. 나는 무엇을 보고 있는가?

뉴스 화면 속, 한 남자가 아들의 손을 잡고 진흙탕 위를 걷고 있었다. 아이는 맨발이었고, 그의 눈빛은 너무나 조용해서 더 슬펐다. 화면은 곧 다음 뉴스로 넘어갔지만, 그 장면은 내 안에서 사라지지 않았다. 그들은 시리아 난민이었다. 그리고 그날 이후, '난민'이라는 말은 내게 숫자가 아닌 '사람'이 되었다.

2. 끝나지 않은 전쟁, 계속되는 탈출

2011년 시리아 내전이 시작된 이후, 지금까지 약 680만 명의 시리아인이 고향을 떠났다. 이는 세계에서 가장 심각한 난민 위기 중 하나이다.

터키는 약 370만 명의 시리아 난민을 수용하고 있으며, 레바논과 요르단도 각각 자국 인구의 20% 이상을 감당하고 있다. 이들은 더 나은 삶을 찾아 떠난 것이 아니다. 살기 위해 도망친 것이다.

많은 이들이 하루아침에 집을 잃고, 가족을 잃고, 이름조차 모르는 땅에 발을 디뎠다. 이들의 여정은 단순한 '이동'이 아니라, 바로 '생존' 그 자체였다.

3. 고향으로의 귀환, 가능할까?

유엔난민기구(UNHCR)의 2025년 통계에 따르면, 시리아 난민의 80%는 "언젠가는 돌아가고 싶다"라고 응답했다. 그러나 '돌아간다'는 말은 생각보다 복잡한 의미가 담겨 있다.

귀환의 길에는 여전히 위험과 불확실성이 존재한다. 전쟁은 끝났지만, 많은 지역은 여전히 폭력과 불안정 상태에 있다. 귀환했다가 체포되거나 고문당한 사례도 보고되고 있다.

레바논 정부는 2024년 5월, 단 이틀 동안 약 2만 7천 명의 난민이 귀국했다고 발표했다. 하지만 인권단체들은 이 숫자에 의문을 제기하며, '자발적 귀환'이 아닌 사실상의 강제 귀환이었을 가능성을 지적한다.

4. 거울 속의 신앙

시리아 난민의 얼굴을 바라보며 우리는 질문한다.
"내 신앙은 지금 어떤 얼굴을 하고 있는가?"

그들은 우리가 외면할 수 없는 거울이다. 그들의 고통을 보면서도 아무것도 하지 않는다면, 우리는 정말 그리스도를 따르는 것일까? 하나님께서는 우리가 선택하기를 원하신다. 보는 것으로 끝낼 것인가, 반응할 것인가? 이제는 결단해야 할 시간이다.

5. '형제'라는 또 하나의 이름

누군가 묻는다.
"그들은 우리와 아무 상관이 없는 사람들이지 않나요?"

그러나 우리는 알고 있다. 그들은 우리와 같은 방식으로 웃고, 같은 이유로 눈물짓는 사람들이다. 그들의 이야기 속에는, 우리 신앙의 진정성과 방향이 담겨 있다.

그들은 낯선 이방인이 아니다. 그들은 우리의 또 다른 이름이며, 우리가 부를 수 있는 또 하나의 형제이다.

나키발레 난민정착촌에 최근 도착한 콩고민주공화국 출신 난민들의 거주지 움막 모습

제4장 /

아프리카 난민 이야기

남수단, 콩고민주공화국과
우간다에서 배우는 '함께'의 의미

지금도 세상 어딘가에서는 매 2초마다 누군가가 고향을 떠나야 한다. 그 수많은 사람들 중 상당수는 아프리카 대륙 출신이다. 전쟁과 내전, 폭력과 정치적 혼란은 그들의 삶을 송두리째 흔들었고, 낯선 땅에서 힘겹게 살아가야 하는 '난민'이라는 이름을 얻게 했다.

우리가 흔히 뉴스에서 보는 '난민'은 숫자에 불과할 때가 많다. 하지만 그 뒤에는 가족과 집을 잃은 수많은 개인의 삶이 있다. 2022년, 우간다의 난민 정착촌에서 82명의 사람들이 스스로 삶을 내려놓았다. 그들이 겪은 외상 후 스트레스, 경제적 고통, 가족 간 갈등은 눈에 보이지 않는 깊은 상처 때문이었다.

A. 남수단 이야기

1. 남수단, 가장 어린 나라의 가장 깊은 상처

2011년, 전 세계가 한 나라의 탄생을 지켜봤다. 아프리카 대륙에서의 새로운 국가, 남수단이 세상에 나왔다. 독립 투표에서 무려 98.83%가 찬성했고, 사람들은 희망을 말했다. 하지만 그 희망은 오래가지 못했다.

2. 독립 이후, 평화는 오지 않았다

남수단은 10개 주로 구성된 신생국이지만, 독립 직후부터 내전과 정치적 불안에 휘말렸다. 2013년, 대통령 살바 키르와 부통령 리에크 마차르 사이의 정치적 권력 투쟁은 무장 충돌로 번졌고, 수천 명이 목숨을 잃었고, 220만 명 이상의 난민이 발생했다.

그 갈등은 단순한 권력 다툼이 아니었다. 민족 간의 뿌리 깊은 긴장이 그 배경에 있었다.

3. 한 나라, 64개의 민족

남수단에는 딩카족, 누에르족 등 64개 민족 공동체와 80개가 넘는 언어가 존재한다. 이 복잡한 민족적 구성은 고대 쿠시 왕국과 누비아 문명, 그리고 수 세기에 걸친 인구 이동에서 비롯된 것이다.

그 다양성은 때론 아름답지만, 남수단에선 오히려 국가 정체성과 통합을 위협하는 요소였다. 특히 딩카족은 인구의 35~40%를 차지하면서도 공공부문 고위직의 60% 이상을 독점해 다른 부족의 불만을 불러왔다.

4. 뿌리 깊은 갈등과 외부 개입

문제는 내부만이 아니었다. 북수단 정부는 석유 자원이 풍부한 지역에 반(反) 주바 민병대를 무장시키며 갈등을 부추겼다. 그 불씨는 국경을 넘어 수단 남부 코르도판의 누바 산맥까지 번졌고, 정부군과 반군 간의 충돌은 지역 안보를 크게 흔들었다.

역사적 맥락도 무겁다. 식민지 시절, 이집트와 영국의 지배 아래 남과 북은 행정적으로 분절되었고, 1947년 주바 회의에서의 통합 이후 종교·정치 억압은 끊이지 않았다. 그 결과, 1955년부터 2005년까지 두 차례 내전이 일어나 200만 명이 목숨을 잃었다.

5. 난민의 바다 위에서

계속된 내전과 폭력은 남수단을 세계에서 가장 심각한 난민 위기를 겪는 나라 중 하나로 만들었다. 2023년 한 해에만 200만 명의 난민이 발생했고, 국외로 피신한 사람은 230만 명에 달했다.

이 난민들은 대부분 우간다로 향한다. 2025년 기준, 우간다에 등록된 남수단 난민은 100만 명 이상. 국경은 폐쇄되었지만 사람들은 비공식 경로로 계속해서 우간다 북부로 흘러 들어온다. 피난처로 가는 길은 멀고도 험하다.

6. 자연도 그들을 돕지 않았다

총성이 그쳐도, 남수단 사람들을 위협하는 것은 또 있었다. 자연재해다. 2022년에는 우기로 인해 국토의 3분의 2가 물에 잠겼고, 100만 명 이상이 수해를 겪었다. 2024년에도 홍수로 140만 명이 피해를 보았고, 수십만 명이 집을 잃고 이재민이 되었다.

굶주림과 질병, 교육의 중단, 성폭력과 강제징집, 이 모든 고통은 '난민'이라는 한 단어에 묶여 있다.

나일강의 지류에 위치한 남수단의 올드 판각 부근의 마을이 홍수로 인해 완전히 잠긴 모습.

7. 석유, 국가를 지탱하는 유일한 기둥

남수단은 국가 수입의 약 98%를 석유에 의존한다. 인프라가 부족하고, 산업도 다양하지 않다. 삶의 터전이 파괴되어 떠나는 사람들이 많아 우간다보다 면적은 넓지만, 인구 밀도는 10분의 1 수준이다. 이러한 경제 구조는 국가의 회복력을 약화시키고, 작은 분쟁에도 사회 전반이 쉽게 흔들리게 한다.

8. 정치가 아니라 인간의 문제

국제사회는 남수단을 놓치고 있다. 유엔 사무총장이었던 코피 아난은 "평화는 선언으로 오는 것이 아니라 끊임없는 의지와 희생으로 쌓여야 한다"라고 말했다.

그러나 남수단은 평화를 쌓을 여력이 점점 더 약해지고 있는 나라다. 남수단의 위기는 단순한 정치 갈등이 아니라, 인간의 생존과 존엄, 공존의 문제이다.

9. 우리는 무엇을 할 수 있을까?

남수단은 너무 멀리 있는 이야기처럼 느껴질 수 있다. 하지만 난민은 숫자가 아니라 얼굴을 가진 사람들이다. 아버지를 잃은 소년, 물을 길으러 몇 시간을 걷는 소녀, 무너진 학교 옆에서 글자를 배우는 아이들. 이들을 기억하는 일, 그리고 우리가 가진 관심과 연대는 도움을 넘어, 이 세상이 인간다운 방향으로 가고 있음을 증명하는 일이다.

남수단, 그 이름이 낯설지 않기를 바란다. 그리고 그 이름 아래에서 살아가는 사람들의 이야기가 당신의 마음 한켠에 오래 남기를 바란다.

B. 콩고민주공화국 이야기

지도에서 가장 아픈 나라

우리는 세상의 슬픔에 무감각해질 만큼, 너무 많은 뉴스를 본다.
전쟁, 기아, 난민, 고통, 죽음.
그리고 어느 날, 그 한가운데서 문득 눈에 들어온 지명이 있었다.
콩고민주공화국.

1. 처음엔 익숙하지 않았다

낯선 아프리카의 깊은 초록 숲 어딘가에 있는 나라. 하지만 그 나라의 이야기를 따라가다 보니, 그곳은 세계에서 가장 깊은 고통이 뿌리내린 자리였다.

2. 콩고민주공화국

아프리카 대륙에서 두 번째로 큰 나라 콩고. 그 자원은 전 세계의 스마트폰과 전기차, 반도체를 움직인다. 지하에는 다이아몬드, 금, 구리, 콜탄이 넘쳐나고, 그 땅 위에는 굶주린 아이들, 찢긴 가족들, 사라진 도시들이 널브러져 있다.

3. 그 시작은 식민지였다

1884년, 유럽의 제국들이 모여 아프리카를 나눠가질 때 벨기에의 레오폴드 2세는 콩고를 자신의 소유로 가져갔다.

개인의 이름으로 하나의 나라를 소유한다는 일. 그 결과는 상상을 초월했다. 고무 채취를 강요하며 손을 자르고, 저항하는 마을을 불태우며, 수백만 명이 죽고, 역사는 피로 쓰였다.

4. 그리고 그 후

독립이 오기까지 80년, 독립 이후에도 또다시 독재, 내전, 침략, 반란. 콩고의 땅은 멈추지 않는 싸움터가 되었다. 누가 누구를 위해 싸우는지 모를 만큼 많은 군대가, 자원을 차지하려고 칼을 들었다. 특히 동부 지역, 북키부와 남키부는 마치 '전쟁 지도' 위에서 꺼지지 않는 불씨처럼 계속해서 불안정한 안보의 중심에 서 있다.

5. 한 아이의 사진을 본다

다섯 살쯤 되어 보이는 아이. 가라앉은 흙탕물, 다 해진 티셔츠를 입은 아이의 양손엔 크고 작은 물통이 들렸다. 멀리서 카메라를 든 이방인의 발걸음에 하려던 일을 멈추고 주시한다. 이 아이를 콩고민주공화국에서 떠나게 만들었던 내전, 뉴스는 눈 앞의 현실이다.

6. M23 반군, 부카부의 함락

2025년 2월, M23 반군이 다시 도시를 점령했다. 수백만 명이 사는 부카부가 함락되면서 도시는 무너졌다. 그들은 WFP 창고를 약탈했고, 르완다는 '안보'를 이유로 개입했으며, 아이들은 다시 짐을 쌀 것도 없이 떠나야 했다.

7. 아프리카의 심장, 콩고

누구는 콩고를 '아프리카의 심장'이라고 부른다. 그러나 지금의 콩고는 계속 멍들고 있다. 400만 명 이상이 죽었고, 500만 명이 삶의 터전을 잃었으며, 국경 너머로 흘러간 난민만 해도 50만 명이 넘는다. 난민 캠프에는 제대로 된 식량도, 학교도, 미래도 없다.

8. 그 나라의 콜탄

그 나라의 콜탄으로 만든 스마트폰이 지금 내 손 안에 있다. 우리의 일상은 그들의 광물로 작동하고, 그들의 밤은 세상의 무관심으로 더 어두워진다.

9. 멀고도 가까운

때때로, 우리는 너무 멀리 있다고 생각한다. 그러나 인간의 고통은 국경을 알지 못한다. 어디서든 들려오는 아이의 울음은 결국 우리의 마음을 두드린다.

10. 기억의 이유

콩고를 아는 것은, 슬픔을 외면하지 않는 일이다. 콩고의 이야기를 전하는 일은, 어쩌면 잊혀진 인류의 아픔을 기억하려는 작은 용기다.

오늘 이 글을 읽는 당신이 한 아이의 이름이라도 기억한다면, 그것은 이 거대한 침묵 속에서 분명 가장 큰 울림이 될 것이다.

난민정착촌 중 가장 오랜 역사를 가진
나키발레 난민정착촌의 동이 트기 전 모습.

C. 우간다 이야기
아프리카 최대 난민 수용국, 희망의 땅 그리고 현실의 무게

새벽 안개가 자욱한 이른 시간, 동이 트는 나키발레 (Nakivale) 정착촌의 비포장 도로. 지난밤 내린 비가 반짝거리며 모여 있는 것이 정착촌에 도착해 하루하루를 버겁게 살아내는 난민들의 눈물 웅덩이 같다.

맨발의 아이들은 진흙을 친구 삼아 놀고 있고, 돌 위에 솥을 걸어 옥수수 가루 죽을 쑨다. 이곳은 더 이상 '난민 임시 캠프'가 아니라 17만 명이 깃들어 사는 곳. 외떨어진 산속에 위치한 신(新) 도시이자, 우간다에서 가장 오래된 난민정착촌이다.

1. 왜 우간다인가?

2025년 상반기에는 특히 많은 콩고민주공화국의 난민이 우간다 국경을 넘어왔다. 주변국들이 국경을 걸어 잠근 사이, 우간다는 손을 내밀며 그들을 받아들였다. 난민의 73%가 빈곤국에서 수용되는 현실 속에서, 1인당 GDP 1,000달러 남짓인 이 나라가 아프리카 최대 난민 수용국이 된 이유는 무엇일까?

그 답은 단순한 동정심이 아니다. 그것은 '우리가 난민이었던 시간'을 기억하는 국민적 트라우마, 그리고 난민을 짐이 아닌 잠재적 이웃으로 보는 낙관적 현실주의가 맞물린 결과이다.

2. 식민의 상처가 빚어낸 '포용의 유전자'

1942년, 제2차 세계대전의 폴란드 피난민이 마신디에 도착하면서 우간다의 난민 역사는 시작됐다. 이후 식민 강대국이 그어놓은 경계는 수차례의 내전과 학살을 불러왔고, 1970~1980년대에는 자국민도 수십만 명씩 국외로 흩어졌다. 난민이 되어 본 이 국가는 1999년 자립 전략(SRS), 2006년 난민법을 제정하며 난민에게 이동의 자유·노동권·토지사용권을 법으로 보장했다. '캠프' 대신 '정착촌'이라 부르는 것도, 일방적 시혜보다 공동체 통합을 우선한 결과이다.

3. 땅 272평, 그리고 땀

정착촌에 등록한 난민 가구는 약 272 평(30% 주거, 70% 경작) 규모의 토지를 무상 임차한다. 국적이 바뀌어도, 지갑이 텅 비어도, 씨앗만 뿌리면 한철 뒤 식탁이 차려진다. 북부 팔라벡에서는 남수단 출신 청년과 우간다 노농(老農)이 손잡고 현지 벌통을 제작해 양봉 소득을 올렸고, 비디비디에서는 옥수수·해바라기 기름을 마을 단위로 가공해 '마을 브랜드'를 런칭했다. 땅은 사람을 살리고, 사람은 다시 땅을 살린다.

로고스 하우스처치 무브먼트에 가장 모범적이고 열정적인 차카2 난민정착촌 교회 성도들. 2차로 분양될 염소를 나누기 위해 모였다.

4. 이상(理想)과 현실 사이

그러나 2025년 5월, 세계식량계획(WFP)의 예산이 절반 이하로 줄면서 100만 명의 난민에게 식량배급이 전면 중단됐다. 북부에서는 옥수수 수확이 절반 이하로 줄었고, 서부에서는 공동우물 사용 시간에 난민과 현지 주민 간의 갈등이 심화되고 있다. 여기에 기후변화로 인한 농경지 황폐화와 국제후원 축소가 겹치며, 정착촌 내 많은 가구는 하루 한 끼로 버티는 삶을 이어가고 있다.

그럼에도 불구하고, 우간다는 포기하지 않았다. 정책을 되돌리기보다 자립 가속 패키지를 통해 새로운 돌파구를 찾고 있다. 농가용 관정, 태양광 냉장고, 마을 저축조합을 확대하고, 국가 난민 대응 계획(UCRRP)을 중심으로 국제기구·NGO와의 공동 투자 체계를 강화해 나가고 있다. 그 과정에서 현지 호스트 커뮤니티와 난민은 함께 손을 맞잡았다. 마을 공동체 농장을 일구거나, 소규모 상점을 열고, 벌꿀이나 커피를 지역 브랜드로 육성하며 '구호의 수혜자'가 아닌 '지역의 동반자'로 성장하고 있다.

이러한 자립의 시도는 단지 생존을 넘어서, 난민을 지역사회의 구성원으로 통합하려는 장기 전략의 일부이다. 1998년 우간다는 자립 전략(Self Reliance Strategy)을 도입하여, 난민을 일반 국민과 동일한 정책 구조 속에 포함시키는 전환을 시도했다. 그로부터 이어진 2006년의 난민법(Uganda Refugees Act) 제정은 이들의 이동의 자유, 경제활동, 토지 이용권을 법적으로 보장하며, 실질적 자립 기반을 제도화했다.

결과적으로 오늘날 우간다 정착촌은 단순한 피난처가 아닌, 스스로의 삶을 일궈가는 거대한 사회 실험의 장이 되었다. 이는 단지 이상에 머물지 않고, 우간다 정부와 주민들이 지난 수십 년간 난민을 이웃으로 대하며 실천해 온 일관된 인도주의적 철학에서 비롯된 것이다. 다시 말해, 우간다는 난민을 '보호할 대상'이 아닌 '함께 살아갈 사람들'로 받아들였고, 그 태도가 정책과 제도, 그리고 실천에까지 녹아든 것이다.

이러한 태도는 국제사회에 중요한 질문을 던진다. 빈곤국임에도 불구하고 인도주의적 책무를 감당하고 있는 우간다의 실천에 우리는 어떤 방식으로 연대할 수 있을까?

5. 한국인에게 던지는 질문

우리에게도 피란의 기억이 있다. 한국전쟁 직후, 국제사회가 보내준 4달러 짜리 구호물자가 오늘의 대한민국을 버티게했다. 이제는 우리가 봉지를 건넬 차례가 아닐까?

우간다의 정착촌은 단지 식량을 기다리는 곳이 아니다. 씨를 뿌리고, 벌통을 만들고, 기술을 배우며 자립을 꿈꾸는 '경제의 실험실'이다. 이들에게 진정으로 필요한 것은 구호품이 아니라 지속 가능한 성장의 발판이다. 예컨대 한국의 스마트농업 기술, 재생에너지 솔루션, 모바일 금융 서비스는 이곳에 실현 가능한 미래형 도구가 된다.

나키발레 난민정착촌의 한 교회에서 '로고스 하우스처치 무브먼트' MOU를 체결하며 기뻐하는 모습이다. 이 운동은 난민교회가 단순히 도움을 받는 교회에 머무르지 않고, 나누고 선교하는 교회로 변화하도록 돕는다.

또한, 공정무역 커피나 꿀과 같은 정착촌 기반 생산품을 소비하는 것만으로도, 난민 가구는 스스로 번 돈으로 아이를 학교에 보낼 수 있는 길이 열린다. 여기서 중요한 점은 '기부'가 아닌 '거래'라는 것이다. 서로를 더 존엄하게 만나는 방법이 바로 여기에 있다.

기업의 ESG 파트너십을 활용하면 태양광 펌프와 모바일 머니 핀테크 등 한국 기업의 기술을 정착촌 파일럿 사업에 적용할 수 있다. 또한 전문가의 재능기부를 통해 스마트농업, 교사 연수, 온라인 코딩교육 등 현지 수요를 충족하는 다양한 프로그램이 운영될 수 있다.

6. 함께 자라는 숲

우간다 속담에 "나무 한 그루는 작은 그늘이지만, 숲은 하늘을 받친다"라고 한다. 지금 나키발레의 새벽 하늘 아래, 가난과 절망으로 눈물 웅덩이가 만들어지기도 하지만, 그들은 오늘도 소망을 품고 포기하지 않고 얼굴에 땀을 흘리며 땅을 일군다.

한때 먼지처럼 흩어졌던 사람들의 발자국은 이제 우간다 땅 위에 굳건히 새겨졌고, 그곳에 다시금 희망이 움트고 있다.

이제는 우리가 그 숲에 한 그루의 나무를 보탤 차례이다. 여러분의 손길 하나가 생존을 넘어 자립을 꿈꾸는 이웃들에게 든든한 그늘이자 따뜻한 햇살이 될 수 있다. 70년 전 우리가 받았던 작은 그늘을 기억하며, 오늘 우간다의 숲을 함께 키워보지 않겠는가?

우간다는 '아프리카의 진주'라 불리울 정도로 아름다운 나라다. 사진은 우간다에서 가장 큰 머치슨 폭포 국립공원(Murchison Falls National Park)을 거닐고 있는 기린.

제5장 /

난민,
그들의 얼굴과
우리의 마음 사이

성경적 난민 이해와 그 해결

1. 난민, 그들의 얼굴과 우리의 마음 사이

21세기, 난민 문제는 더 이상 멀리 떨어진 낯선 나라의 뉴스 장면이 아니다. 내 옆집, 우리 사회 구석구석에 조용히 스며든 현실이다. 전쟁과 박해, 내전과 폭력, 그리고 홍수로 인한 기근에 삶의 터전을 잃고 떠도는 난민의 숫자는 지금껏 그 어느 때보다 크게 늘어나고 있다. 하지만 아직도 많은 이들은 난민을 '사회적 부담', '잠재적 위험'으로 바라보며, 그들이 겪는 깊고 아픈 상처와 인간으로서의 존엄성을 놓치고 있다.

사실 난민 문제는 멀리서 '도와줘야 할 사람들'이 아니라, 우리와 똑같이 '살아가는 사람들'의 이야기이다. 가족과 고향을 잃고, 하루하루 불안과 고통 속에서 살아가는 이들의 목소리에 귀 기울여야 한다. 그들의 눈물과 한숨은 먼 곳의 뉴스가 아닌, 우리 이웃의 이야기다.

2. 하나님의 형상으로 빚어진 이들, 난민

우리 모두는 하나님께서 흙과 생명의 숨결로 빚어내신 소중한 존재이다(창세기 2장). 난민도 예외가 아니다. 그들은 어떠한 처지에 있든, 그 어떤 상황에서도 하나님의 형상으로 창조된 존엄한 사람들이다. 하지만 '난민'이라는 단어가 우리 마음속에 던지는 무게감과 낯섦은 때로 그들을 '부담스러운 문제'로만 보게 한다. '낯선 사람', '도움을 받아야 할 존재'라는 편견에 가려, 그들의 고통과 아픔, 그리고 깊은 내면의 구조 요청을 놓치기 쉽다.

난민은 '뿌리 뽑힌 사람'이다. 우리 모두는 고향과 공동체에서 나 자신의 정체성을 찾고, 삶의 의미를 쌓아간다. 그러나 난민은 그 뿌리를 잃고 낯선 땅에 던져져, 깊은 곳의 소속감과 존재감이 흔들리는 삶을 살고 있다.

성경 속에는 난민과 같은 삶을 살아낸 인물들이 많다. 모세는 애굽을 떠나 미디안 광야에서 난민처럼 살며, 결국 자신의 사명을 발견했다. 어린 예수님도 헤롯 왕의 박해를 피해 애굽으로 피신하며 난민의 삶을 경험했다(마태복음 2장). 하나님은 우리에게 "거류민을 학대하지 말라"(레위기 19:33)고 분명히 명령하시며, 이방인과 나그네를 자기 자신과 같이 사랑하라고 거듭 말씀하신다.

이것이 우리가 난민을 바라보는 근본 태도여야 한다. 난민은 우리가 돌봐야 할 '이웃'이며, 우리와 본질적으로 다르지 않은 하나님의 형상임을 기억해야 한다.

3. 고통 너머, 존재의 회복과 새로운 소명

난민은 단순한 '피해자'가 아니다. 그들도 우리처럼 "나는 누구인가?", "내 삶의 의미는 무엇인가?"라는 실존적 질문 앞에 서 있다. 단순한 물리적 안전이나 경제적 지원만으로는 이 깊은 질문에 답할 수 없다.

우간다 난민촌에서 접한 82명의 자살 사례는 난민들이 겪는 내면의 고통이 얼마나 깊고 절망적인지를 일깨워준다. 가족 간의 갈등, 전쟁 후 트라우마, 미래에 대한 불안이 그들을 짓누르고 있다.

이런 현실 속에서 '로고스 하우스 처치 운동(LHCM)은 하나님의 말씀을 먹는 삶을 통해 난민들이 자신의 정체성을 회복하고, 스스로 자립할 수 있도록 돕는 신학적·교육학적 접근을 시도한다.

우간다에서는 난민들이 스스로 작물을 재배하고 시장에서 경제 활동을 하며 자립의 길을 걷고 있다. 실제로 우간다의 사례처럼, 난민들이 스스로 작물을 재배하고 시장 활동에 참여하는 것은 자립의 출발이며, 이 과정에서 자신의 존엄성과 가치를 회복할 수 있는 계기가 된다. 이는 단순히 '지원받는 사람'에서 '자신의 삶을 책임지는 주체'로 거듭나는 과정이다. 하지만 현실 속 난민이 받는 차별과 편견의 고통은 여전히 큰 장벽이다.

나키발레 난민정착촌에서 성경 세미나 후에 5년을 기도하며 기다리다 성경책을 받은 형제.

4. 우리와 '같은' 하나님의 형상 '난민'

난민과 우리 사이의 갈등은 단순한 문화 차이나 경제적 이해관계의 문제가 아니다. 서로를 '다른 존재'로 여기는 데서 근본적인 갈등이 시작된다.

성경은 우리 모두가 하나님의 형상으로 빚어진 존엄한 존재임을 기억하며, 상대를 자기 자신처럼 사랑하라고 가르친다. 난민을 '부담'이나 '수혜자'로만 보지 않고, '같은 인간'으로 인정할 때 비로소 이해와 존중이 자라나 건강한 공동체가 될 수 있다.

한국의 골목길과 산간 오지에도 낯선 땅에서 하루하루 버티는 이주민과 난민들이 있다. 그들을 '짐'이나 '문제'로만 보는 시선은 아픈 현실을 외면하는 일이다.

'게르(체류자)', '네카르(낯선 사람)', '토샤브(거주자)', '크세노스(손님)'라는 원어들은 때로 같은 사람을 다르게 부르지만, 그 모두에게 하나님의 사랑이 동일함을 보여 준다. 그들을 향한 배려와 공의의 법이 이스라엘에게 주어졌듯, 우리 역시 그들을 향해 똑같은 법과 사랑을 베풀도록 부름 받았다.

그들의 신분 자체가 삶을 무겁게 짓누른다. 극심한 박해를 피해 망명한 뒤에도, 기관의 문 앞에서 "안전이 보장되지 않으면 돌아가라"는 쓴소리를 듣는다. 그들에게 필요한 것은 제도적 잣대가 아니라, "너도 하나님의 숨결을 지닌 존재"라는 진심 어린 부름이다.

5. 함께 나누는 책임과 희망

난민 문제는 이제 우리 모두의 현실이며, 공동체가 함께 짊어져야 할 책임이다. 난민을 단지 '도움이 필요한 이방인'이 아니라, '새로운 뿌리를 내리고 소명을 찾아가는 공동체의 일원'으로 바라보아야 한다.

그들이 스스로 '하나님의 부르심을 받은 자'라는 정체성을 회복할 때, 진정한 자립과 성장의 길이 열린다.

이제 우리가 성경의 시선으로 난민을 바라볼 때이다. 그들도 하나님께서 사랑하시는 자녀이며, 우리와 똑같은 하나님의 형상대로 창조된 존재라는 점을 기억하자. 우리가 그들을 환대하고 사랑할 때, 우리 사회는 더욱 따뜻하고, 풍성한 하나님의 은혜로 가득 찬 세상이 될 것이다.

이러한 이야기는 오늘 우리에게도 유효하다. 난민들은 피해자가 아니라 '새로운 뿌리를 내리는 공동체의 일원'이다. 우리는 그들에게 삶의 터전을 제공할 뿐 아니라, 그들 내면에 숨겨진 하나님 형상의 존엄성을 일깨워야 한다. 그들 스스로 '하나님의 부르심을 받은 자'임을 깨달을 때, 진정한 자립이 시작된다.

"거류민을 사랑하라"라고 했던 레위기의 명령은, 우리 가슴속에서도 여전히 살아 숨 쉰다. 이 명령은 종교적 교리 너머, 사람과 사람이 마주했을 때 생겨나는 연민의 씨앗이다. 우리가 그들의 이야기에 귀 기울이고, 그들의 잃어버린 이름과 존엄을 불러줄 때, 그 연민은 희망의 싹이 된다.

오늘도 난민들은 익숙해지지 못한 언어와 풍습 속에서 살아간다. 그들에게 필요한 건 따뜻한 밥 한 끼, 안정된 주거, 그리고 무엇보다

"당신은 혼자가 아니다"라는 말 한마디다. 우리 사회가 이 작은 말의 무게와 힘을 실어, 난민을 향한 손을 내밀 때, 비로소 21세기의 난민 문제는 진정한 해답에 한 발짝 다가설 수 있을 것이다.

6. 한국은 어떤 태도를 가져야 하는가?

한국은 한때 전쟁을 겪고, 피란민으로 세계 곳곳에 흩어졌던 나라다. 그러나 이제 우리는 난민을 '받아들이는 위치'에 있다. 그렇다면 우리는 어떤 태도를 가져야 할까?

2024년, 한국이 정식 난민으로 인정한 사람은 105명에 불과했다. 전 세계적으로 강제 이주된 약 1억 2,320만 명 중 난민으로 인정된 4,270만 명과 비교하면, 이는 매우 낮은 수치이다. 난민을 잠재적 범죄자나 사회적 부담으로 보는 오해와 불신이 여전히 사회에 깊게 뿌리내려 있다. 그러나 신앙인으로서 우리는 이 문제를 인도적, 신학적 시선으로 다시 바라보아야 한다.

7. 성경은 낯선 이방인에 대해 뭐라고 말하는가?

구약 성경은 반복해서 나그네와 이방인을 환대하라고 명령한다.

우간다 서남부 난민정착촌 나키발레의 현지 교회당에서 '로고스 하우스처치 무브먼트' 전도 세미나(T4T) 중 부룬디 출신의 난민 노부부가 서로를 축복하는 가운데, 그들의 딸이 두 손을 들어 축복에 동참하고 있다.

> "너희는 나그네를 사랑하라.
> 전에 너희도 애굽 땅에서 나그네 되었음이니라" (신명기 10:19)

하나님은 약자의 편에 서 계시며, 고아, 과부, 나그네를 보호하신다. 신약에서 예수님은 더 직접적으로 말씀하신다.

> "너희가 여기 내 형제 중에 지극히 작은 자 하나에게 한 것이
> 곧 내게 한 것이니라" (마태복음 25:40)

우리는 그들을 돕고 있는가, 외면하고 있는가?

8. 믿음은 멈추지 않는다

신앙은 감동에서 멈추지 않는다. 행동으로 이어진다. 우리가 난민을 위해 할 수 있는 일은 생각보다 다양하다.

- 국제 NGO 후원 또는 기도 후원
- 난민 이슈를 다루는 교회 교육 프로그램 운영
- 다문화 사역에의 참여
- 난민 아동을 위한 온라인 멘토링 기획
- 정부의 난민 정책에 대한 관심과 의견 개진

이 모든 시작은 거창할 필요가 없다. 핵심은 외면하지 않는 태도다. 작은 실천이 모여, 한 사람의 삶을 바꾸고, 공동체의 인식을 바꾼다.

이 책에 실린 모든 사진은 2022년부터 2025년 상반기까지 인도적 활동 중에 참여자들의 이해와 동의 하에 촬영되었습니다. 개별적으로 연락이 불가능한 경우에는 식별 가능한 정보가 제거되었습니다. 모든 이미지는 존엄성, 안전, 인권 보호의 원칙에 따라 공개됩니다.

All photos in this book were taken during humanitarian activities between 2022 and 2025, with the participants' understanding and consent. Identifiable information has been removed where individual contact was not possible. Every image is published under the principles of dignity, safety, and human rights protection.

Photo Collection of Uganda

우간다
선교현장
화보집

Rwamwanja

Kyaka II

Nakivale

Kampala 외 기타 지역

001

002

001_ 난민정착촌의 교회 교인들이 홀로 있는 여성도를 위해 집을 짓는 장면

002_ 극빈 할머니와 손녀가 지내게 될 집의 터 닦기

003_ 난민정착촌의 난민 주거지 움막 모습

003

004

004_ 극빈 할머니와 손녀에게 집을 지어주기 위해 8시간 거리를 달려온 6명의 건축 특공대 난민 형제들(담임목사 포함)

005_ 난민정착촌에 거주하는 할머니와 손녀의 집을 완공한 후 감사 예배 드리는 장면

005

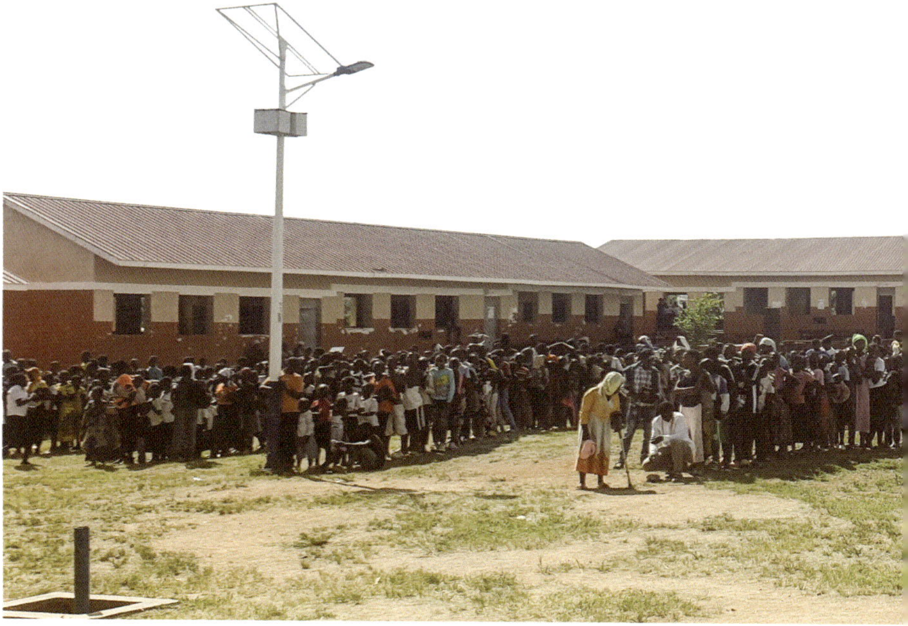

007_ 캄팔라 소재 교회의 한 주일학생이, 성경을 쓰며 말씀을 먹은 증거로 자신의 노트를 들고 왔다.
말씀을 읽고 쓰며, 먹는 일에 익숙하게 자란 주일학생들은 앞으로 난민으로 우간다에 남든, 본국으로 귀환하든, 제3국으로 재송환되든 말씀을 먹으며 평생을 살아가는 그리스도의 든든한 교회로 성장할 것이다. 또한 이들은 대대로 주의 말씀의 바통을 이어갈 것이다.

Date: Monday 19 August 20
John
The World became flesh
1. In the beginning was the World, and the World was God
2. He was with God in the begin
3. Through him all things were made, without him nothing was made that has been made
4. In him was life, and that life was light of all mankind
5. The light shines in the darkness has not overcome it.

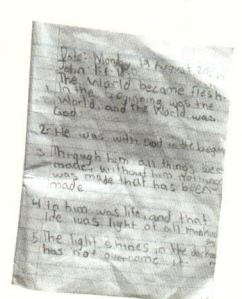

007

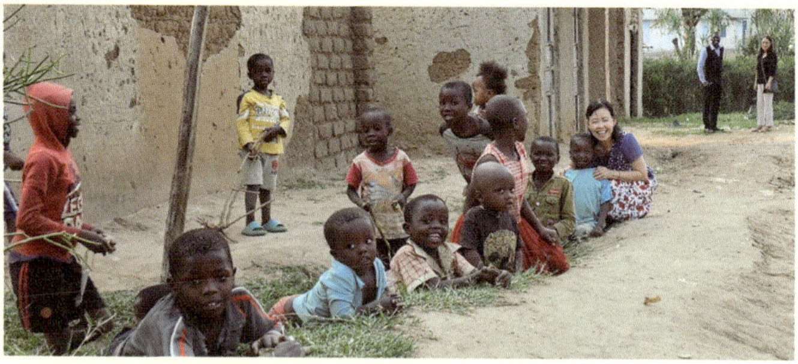

006_ 마산의 한 집사님이 TV에서 맨발로 굶주림에 시달리는 아프리카 어린이들의 모습을 보고 파지를 주워 모은 수익을 "우간다의 난민 어린이들을 위해 써달라"고 보내오셨다. 그 헌신으로 시작된 '빵생사(빵으로 생명을 살리는 사역)' 프로젝트.
르왐완자 난민 정착촌의 한 중·고등학교를 빌려서 500여 명의 난민 어린이들을 초청해 함께 예배를 드렸다. 이날 참가자들에게 신발과 성경, 한 끼 식사가 제공되었다.

008_ 어린이 성경캠프에서 남수단인 난민 형제가 어린이들에게 말씀을 전하고 있다.

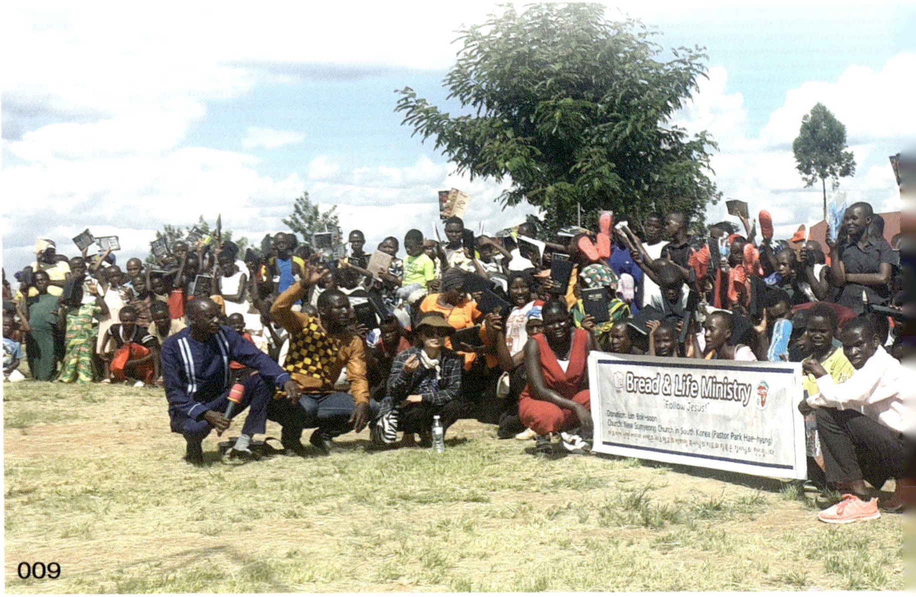
Bread & Life Ministry
"Follow Jesus!"
Donation: Lim Bok-soon
Church: New Sumyeong Church in South Korea (Pastor Park Hae-hyung)
009

010

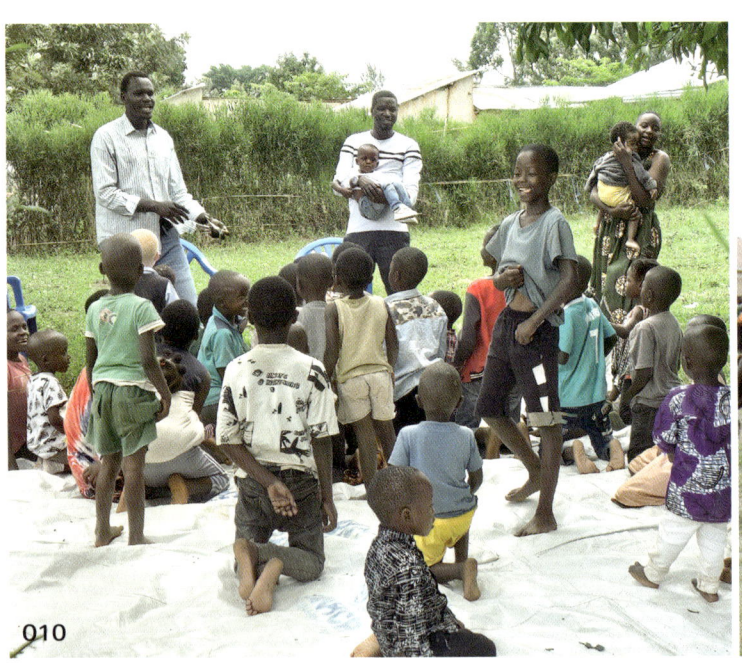

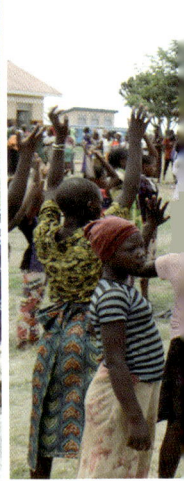

009, 011_ 난민정착촌에서 진행된 어린이 사역

010_ 난민정착촌에서 '여성들의 역할 깨우기' 세미나가 진행되는 동안, 부모와 함께 온 주일학생들을 교회당 밖에 모았다. 남수단 난민 출신 대학생 J와 우간다 현지인 형제 R이 성경 이야기를 들려주며 인도하고 있다.

011

012_ 난민정착촌에서 성경 나눔 후 기념 사진
013_ 난민정착촌에서 말씀 먹기 세미나 후 기념 사진

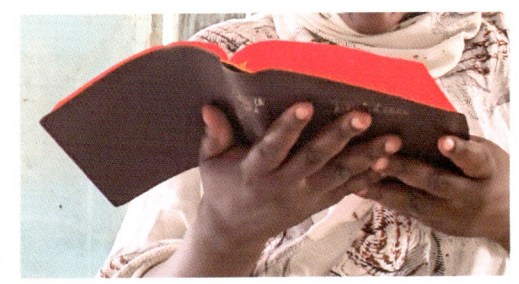

014

014_ 생전 처음 성경책을 받아 읽는 자매와 말씀의 감동에 눈물을 훔치는 자매

015_ 남수단 출신 난민 형제는 동아프리카대학교에서 공부하던 같은 과 우간다 출신 R형제를 전도했다.
R은 방학을 맞아 고향으로 돌아가, 사람들에게 복음을 전하며 또 다른 '로고스 하우스처치'를 만들었다. 사진은 R이 성경을 펼쳐 말씀을 먹고 있는 장면이다.

015

016_ 늪지대 물을 난민들이 식수로 사용한다는 소식을 듣고, 울산의 한 교회 권사님이 우물을 파기 위한 재정을 헌금해주셨다. 우기와 지형 등 어려움이 많았다.

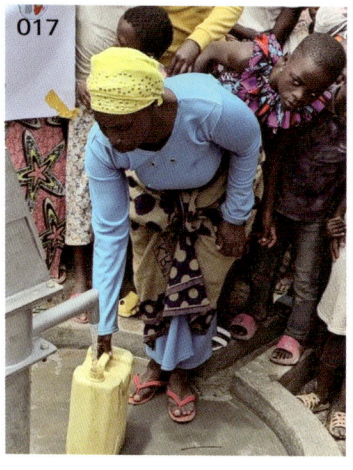

017_ 펌프질로 우물을 긷고 있다. 주민들은 생명수 되신 예수님의 사랑으로 받은 우물에서 깨끗한 물을 마시며 감사하고 있다.

018_ 난민정착촌의 커뮤니티를 위한 우물 파기 1차 실패 후 2차 시도. 하나님의 기적적인 간섭하심으로 산중턱의 밭 한가운데서 물이 발견되었다. 지역 주민과 유지들을 모시고 완공 감사와 공식 오픈 행사중이다.

019_ 성도들에게 분양한 염소가 첫 새끼를 낳아 젖을 물리고 있다. 새끼가 젖을 떼면 주일에 교회당으로 데리고 와 하나님께 드린다. 교회는 이를 전도를 위한 재정으로 사용한다. 난민들에게 염소 한 마리는 소중한 재산으로 가족처럼 돌본다. 그러나 모든 난민정착촌에서 염소 분양이 가능한 것은 아니다. 일부 정착촌은 목초지가 부족해 분양이 어렵고, 이 경우 닭이나 오리, 토끼 등 다른 가축으로 대신한다.

019

020_ 어미의 젖을 뗀 첫 새끼를 교회로 데려와 하나님께 드리는 모습이다.

020

021_ Nakivale 난민정착촌의 현지 교회당 모습이다. 로고스 하우스처치 운동 후 성도들이 늘어나면서 교회당이 협소해져, 믿음으로 확장 공사를 시작했다. 성도들은 할 수 있는 모든 일을 마치고, 하나님의 특별한 공급하심을 밤낮으로 금식 기도하며 기다리고 있다.

022_ 기도하던 교회에 하나님께서 양철 지붕을 공급해 주셔서 지붕을 덮을 수 있었으며, 현재는 창문을 기다리는 중이다. 성도들은 스스로 흙벽돌을 굽고 외부 의존을 최소화하며 교회당을 완공했다. 자립·자치·자전의 정신으로 지어진 이 교회당은, 외부 원조에 의존해서 지어진 그 어떤 교회당보다도 아름답게 세워져 하나님을 예배하는 공간이 되었다.

023_ 학교에 다녀야 할 어린이가 진흙을 이기며 일하고 있다. 자기 키보다 큰 괭이를 들었음에도, 때묻지 않은 미소로 사진 촬영에 응답한다. 난민정착촌에는 비싼 학비를 감당하지 못해 학교에 가지 못하는 어린 이들이 넘쳐난다.

024_ 난민정착촌 교회당의 모습. 처음에는 비만 간신히 피할 수 있는 곳이 었는데, 성도들이 가정과 교회에서 말씀을 먹기 시작하며 변화가 일어났다. 한두 명 모이기 시작하더니 사방이 열려있던 교회당 벽에 진흙을 이겨 바르기 시작했고, 지금은 완공해서 예배를 드리고 있다.
하나님의 말씀은, 포기하고 무관심하던 성도들의 마음을 관심과 소망으로 바꾸셨으며, 지금은 증축을 앞두고 있다.

025_나키발레 난민정착촌 교회의 초창기 주일학교 모습이다. 당시에는 교회 한 켠에 소수의 어린이들만 모여 예배했지만, 지금은 주일이면 주일학교 학생들만으로도 교회당을 가득 채운다.

026_ 난민정착촌의 현지 교회에서 여성 세미나가 열렸다. 오랜 상처 속에 자신을 묶어 두고 살아온 여성 성도들은 이번 세미나를 통해 자신이 '하나님의 형상으로 지음 받은 존귀한 존재'임을 새롭게 깨달았다. 또한 가정에서 매일 말씀을 먹는 삶을 실천하며, 남편을 세우고 자녀를 믿음 안에서 양육하는 사명을 마음에 새겼다.

027_ 난민정착촌 교회에서 여성 세미나 중인 백에스더 선교사와 통역자.

028_ '여성 역할 깨우기' 세미나를 마치고 기념 사진

029_ 로고스하우스처치 활동으로 '여성의 역할 깨우기' 세미나에 참석한 난민들에게 제공할 점심을 짓는 모습

030_ 여성 세미나를 마친 후, 교회당 안에서 전체 사진을 촬영하는 모습.

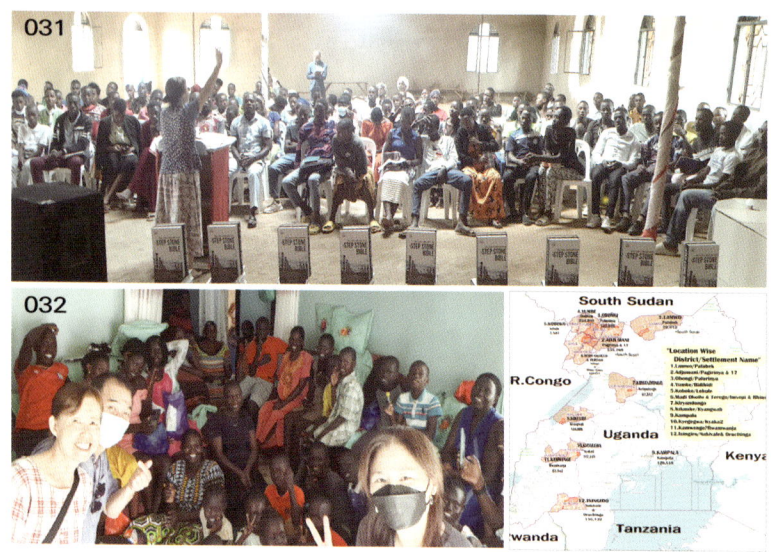

031_ 나키발레 난민정착촌 교회에서 말씀 먹기 세미나 중 강의하는 백에스더 선교사.

032_ 우간다 수도 캄팔라 외곽 지역에 거주하는 난민 가정에서 예배를 드리고, 달란트 잔치를 한 후 기념 사진을 찍었다.

033_ 난민 지도자 교류 프로그램으로, 3개 난민정착촌 교회 담임 목사들이 각각 다른 지역의 난민정착촌의 교회에서 세미나를 열었다.
이 자리에서 목사들은 자신이 목회하는 교회의 LHCM를 간증하며, 서로에게 도전과 격려를 나누었다.

034_ 난민정착촌 현지 교회에서 'LHCM 목회자 세미나'를 마친 후 기념 사진을 찍은 모습.

035_ 우간다의 수도 캄팔라에서 거리행상을 하며 복음을 전하는 형제들 위로하기 위해 동아프리카 국제 대학교에서 진행중인 모임.

036_ 우간다의 수도 캄팔라에서 사역자 자매들과 함께 교제하는 모습.

나가는 글

"보는 것에서 반응으로"

이 책이 안내한 여정은 난민을 숫자와 제도로만 보지 않고, 이름과 얼굴, 상처와 희망을 지닌 한 사람으로 다시 바라보게 했다. 콩고민주공화국과 남수단을 떠난 발걸음, 우크라이나와 시리아의 이어지는 피난, 그리고 우간다에서의 '자립' 실험까지—우리는 폭력과 상실의 역사 속에서도 인간의 존엄이 결코 꺼지지 않음을 확인했다. 동시에 한국 또한 기근·전쟁·이민의 기억을 품은 사회임을 상기했다. 난민은 타자가 아니라, 우리의 과거와 현재를 비추는 거울이다.

숫자 뒤에 숨은 것은 보이지 않는 상처다. 굶주림과 박탈, 외상 후 스트레스, 정체성의 붕괴는 '살아남음'만으로는 치유되지 않는다. 그래서 신학은 우리를 다시 초대한다.

"낯선 이를 환대하라"는 성경의 명령, 누구나 "하나님의 형상(Imago Dei)"이라는 고백은 연민을 일시적 감정에서 공동체적 책임으로 변환시킨다. 말씀을 먹고 나누는 작은 교회 운동과 같은 신앙 공동체는 난민이 '수혜자'가 아니라 삶의 주체로 서도록 돕는 토양이 된다. 우간다의 사례가 보여 주듯, 이동의 자유와 시장 참여, 토지 접근성은 시혜가 아닌 상호책임의 질서를 만든다.

한국 사회가 선택할 길도 분명하다. 첫째, '국제적 모범답안'의 단순한 이식이 아니라 우리의 역사·정서·행정 역량에 맞춘 한국형 난민정책을 설계해야 한다. 입국·심사·정착·자립을 잇는 예측 가능한 절차, 지방정부와 민간의 협력, 교육·홍보를 통한 사회적 학습이 핵심이다. 둘째, 교회와 시민사회는 환대를 생활 구조로 바꿔야 한다. 언어·진로·멘토링·주거 동행, 다문화 교육, 지역 봉사 네트워크는 '함께 살기'의 기술을 축적한다. 셋째, 개인에게 주어진 몫을 외면하지 말자. 듣고, 불러 주고, 함께 식탁을 나누는 작은 실천이 존엄을 회복시킨다.

결국 질문은 하나다. 우리는 무엇을 보고, 어떻게 반응할 것인가. 국경보다 먼저 우리의 가슴 문이 열릴 때, 난민은 '짐'이 아니라 이웃이 된다.

"당신은 혼자가 아닙니다"라는 한 문장을 사회의 약속으로 만들자. 그 약속이 법과 제도, 예배와 일상으로 이어질 때, 한국은 과거의 피난 기억을 환대의 미래로 변주해 낼 것이다. 이제 보는 일을 넘어, 응답으로 마침표를 찍을 시간이다.

난민, 하나님의 형상(Imago Dei)

뿌리 뽑힌 사람들

ⓒ 2025 김두평

1판 1쇄   2025년 11월 21일

지은이   김두평
펴낸이   이미영
내지디자인   유주은
표지디자인   김지용

펴낸곳   도서출판 홍해
출판등록   제318-2007-000142호
주소   서울시 영등포구 문래로 41, 302호
전자우편   ms9888@empas.com
https://www.facebook.com/imiyeong.735713
전화번호   010-9486-6264
팩스   055-681-2970

ISBN 978-89-960623-1-8

*이 책은 저작권법에 따라 보호받는 저작물이므로 무단전재와 무단복제를 금합니다.
*이 책의 판매 순수익 2%는 로고스 하우스 처치 운동(LHCM)에 기부됩니다.

가격   17,800원